D0851226

Dossiers et Documents

Collection dirigée par
Anne-Marie Villeneuve

ÊTRE CONJOINTS DE FAIT
Pour une vie à deux sans soucis

Tout ce qu'il faut *absolument* savoir sur l'union libre au Québec

De la même auteure

La représentation des enfants en matière familiale – Leurs droits, leur avenir, Éditions Yvon Blais, Montréal, 2004 (Sylvie Schirm et Pascale Vaillant).

Me Sylvie Schirm

ÊTRE CONJOINTS DE FAIT
Pour une vie à deux sans soucis

absolument

Tout ce qu'il faut savoir sur l'union libre au Québec

QUÉBEC AMÉRIQUE

Catalogage avant publication de Bibliothèque et Archives nationales du Québec et Bibliothèque et Archives Canada

Schirm, Sylvie
Être conjoints de fait
(Dossiers et documents)
ISBN 978-2-7644-0662-5
1. Couples non mariés - Droit - Québec (Province). 2. Concubinage - Droit - Québec (Province). 3. Couples non mariés - Québec (Province). I. Titre. II. Collection: Dossiers et documents (Éditions Québec Amérique).
KEQ253.S34 2009   346.71401'6   C2008-942228-7

 Conseil des Arts du Canada   **Canada Council for the Arts**

Nous reconnaissons l'aide financière du gouvernement du Canada par l'entremise du Programme d'aide au développement de l'industrie de l'édition (PADIÉ) pour nos activités d'édition.

Gouvernement du Québec – Programme de crédit d'impôt pour l'édition de livres – Gestion SODEC.

Les Éditions Québec Amérique bénéficient du programme de subvention globale du Conseil des Arts du Canada. Elles tiennent également à remercier la SODEC pour son appui financier.

Québec Amérique
329, rue de la Commune Ouest, 3ᵉ étage
Montréal (Québec) Canada H2Y 2E1
Tél. : 514 499-3000, télécopieur : 514 499-3010

Dépôt légal : 1ᵉʳ trimestre 2009
Bibliothèque nationale du Québec
Bibliothèque nationale du Canada

Mise en pages : André Vallée – Atelier typo Jane
Révision linguistique : Annie Pronovost et Stéphane Batigne
Conception graphique : Célia Provencher-Galarneau
Illustrations : Geneviève Després

©2009 Éditions Québec Amérique inc.
www.quebec-amerique.com

Imprimé au Canada

AVIS LÉGAL

Ce livre contient de **l'information juridique générale** et ne remplace pas une consultation juridique. L'auteure n'assume aucune responsabilité pour l'interprétation de l'information contenue dans ce livre. Chaque cas étant unique, vous devriez envisager une consultation juridique avant de prendre quelque décision que ce soit au sujet de votre couple et de vos biens.

À tous mes clients – hommes, femmes et enfants –,
qui m'ont permis de grandir, d'élargir mes horizons,
et aussi de comprendre, d'accepter et d'apprécier cet être
extraordinaire qu'est l'humain.

À toi Roger, mon conjoint, l'amour de ma vie,
pour ton amour, ton appui et ta patience. Sans toi,
ce livre ne serait pas encore écrit.

ÊTRE CONJOINTS DE FAIT
Pour une vie à deux sans soucis

Tout ce qu'il faut savoir sur l'union libre au Québec

TABLE DES MATIÈRES

Chapitre 1

Pourquoi ai-je écrit ce livre ?

Depuis 20 ans, j'ai l'honneur (oui, j'ai bien dit l'honneur) de porter une toge et de faire partie de la communauté juridique. En tant que praticienne en droit de la famille, j'ai eu le privilège d'entendre des centaines de personnes me relater leur vie, leurs peines, leurs victoires et leurs angoisses, me confier leurs problèmes et solliciter mon aide.

Au fil des années, j'ai compris que c'est l'ignorance qui cause le plus de tort, de peines et de conflits au sein des couples et des familles. En effet, l'ignorance des droits et des obligations de chacun, l'ignorance des options possibles étaient la source de la grande majorité des problèmes juridiques que j'ai eu à régler. Comment faire des choix si nous ne possédons pas toute l'information nécessaire pour avoir une vision d'ensemble juste? Comment gérer notre vie sans les connaissances requises pour décider librement? Comment réussir cette merveilleuse aventure qu'est la vie à deux sans connaître les implications juridiques de nos choix communs et individuels ?

Les sondages récents et le nombre grandissant de causes portées devant les tribunaux ont confirmé mes craintes : les conjoints de fait ne connaissent pas leurs droits... et se retrouvent de plus en plus nombreux dans mon bureau ! Face à l'augmentation vertigineuse du nombre de couples québécois vivant en union libre, j'ai cru bon de rendre l'information juridique accessible à tous.

Le but de ce livre est donc de vous informer de l'état du droit. Ainsi, vous ne devriez pas avoir besoin de fréquenter le cabinet d'un juriste – sauf pour signer un contrat de vie commune, ce qui vous évitera sans doute à tout jamais d'avoir recours à un avocat en droit familial. Les histoires que je relate sont en grande partie tirées des jugements rendus au Québec, afin de vous donner un aperçu de l'expérience de ces couples qui passent par le système judiciaire. Si quelques-unes sont inventées, elles correspondent tout de même à une réalité juridique très plausible.

Que vous soyez marié ou vivant en union libre, j'espère que ce petit guide vous aidera à prendre des décisions éclairées au sujet de votre couple – vous permettant ainsi de vivre à deux sans souci !

Chapitre 2

Pourquoi devriez-vous lire ce livre?

Voici un petit test inspiré à la fois de mythes et de réalités. Il vous aidera à évaluer votre niveau de connaissance au sujet de l'union libre.

VRAI OU FAUX ?

- Je me sépare après trois ans de vie commune. J'ai droit à la moitié de tous les biens achetés durant cette période, même s'ils sont au nom de ma douce moitié.

- Je suis restée à la maison avec les enfants lorsqu'ils étaient jeunes. Si je me sépare, j'ai droit à une pension alimentaire pour moi-même.

- Nous avons trois enfants. J'ai droit à la moitié de tout ce que nous possédons. Si mon conjoint meurt avant moi, j'hériterai de tout même s'il n'a pas fait de testament,

car après trois ans de vie commune, je suis
considérée comme étant mariée.

• La maison est au nom de ma conjointe. Si
elle décède, j'ai le droit de continuer à y
habiter.

FAUX.

Tous ces énoncés sont FAUX. Vous êtes surpris? Ne le soyez
pas. La majorité des Québécois et Québécoises vivant en
union libre ne connaissent pas les règles qui s'appliquent
à eux! En effet, 60 % des gens vivant en union libre pensent
qu'après un certain nombre d'années de vie commune,
ils ont les mêmes droits que les personnes mariées; 64 %
pensent que tous les biens acquis durant leur vie commune
seront partagés à parts égales en cas de séparation; et 77 %
pensent que le conjoint le plus pauvre aura droit à une
pension alimentaire[1]! Mais ce sont des mythes!

Ce livre vous aidera donc à définir vos obligations envers
votre chum, votre blonde, et surtout à éviter les mésententes
futures et les mauvaises surprises. Sa lecture ne peut pas
remplacer une consultation juridique, mais elle vous permettra de découvrir les principes juridiques de base en
matière d'union libre. Mieux informés, vous serez en mesure
d'établir ensemble, en tant que couple, en tant que famille,
vos priorités. Et vous vivrez à deux sans soucis!

---

1. Sondage Ipsos Descarie.

Chapitre 3

La vie à deux au Québec

« Je m'en vais vivre avec mon chum. »
« J'emménage avec ma blonde ! »

Entreprendre une vie de couple est toujours un moment plein d'excitation, de rêves et d'espoir. Voici un nouveau départ, une nouvelle vie qui commence ! Deux personnes unissent leur destinée pour affronter la vie ensemble. Vivre à deux fait partie de notre génétique sociale, il est presque impossible d'y échapper. L'union fait la force !

Au Québec, la vie à deux peut débuter de plusieurs façons. Les conjoints peuvent se marier, s'unir par union civile[1] ou simplement commencer à vivre sous le même toit. Lorsque

---

1. L'union civile a été créée en 2002 afin de permettre aux couples gais de bénéficier des mêmes privilèges que les gens mariés. Les conséquences juridiques de ce type d'union sont presque les mêmes que pour le mariage.

des partenaires cohabitent ainsi sans être mariés, ils sont des «conjoints de fait[2]» ou des gens vivant en «union libre».

Lorsqu'un couple décide de vivre en union libre, il n'y a habituellement pas de cérémonie ni de rituel; la vie commune débute sans tambour ni trompette. Aujourd'hui, de nombreux Québécois choisissent de vivre ensemble sans se marier. Le mariage n'est plus une condition préalable pour former un couple ni pour fonder une famille[3].

Toutefois, les Québécois connaissent très peu les droits et obligations qui s'appliquent à eux lorsqu'ils s'engagent dans l'aventure de la vie de couple. Il est étonnant de voir le nombre de croyances erronées véhiculées par des gens qui sont souvent très informés de leurs droits dans d'autres domaines, mais qui ignorent leurs droits et obligations de conjoints.

LIBRES DE CHOISIR L'UNION LIBRE

Le pacte social qui liait autrefois l'homme et la femme n'existe plus. Ce pacte était pourtant clairement défini:

---

2. Le terme «époux» est utilisé dans le présent livre pour désigner les gens mariés, tandis que le terme «conjoints» est utilisé pour désigner les gens vivant en union libre.

3. Statistique Canada, Recensement de 2006.

— *Moi, homme, j'ai besoin de toi, femme, pour prendre soin de la maison, faire à manger et élever mes enfants.*

— *Moi, femme, j'ai besoin de toi, homme, pour subvenir à mes besoins et me protéger.*

Le besoin d'une union officielle se faisait sentir autant pour l'un que pour l'autre. Tout le monde y trouvait son compte. Aujourd'hui, cette dépendance pour la satisfaction des besoins primaires n'existe plus : les hommes cuisinent et changent des couches, tandis que les femmes gagnent leur vie et prennent leur place dans le milieu des affaires.

REVENUS DOUBLES

En 1976, 35 % des couples jouissaient de doubles revenus. En 2007, cette proportion était passée à 73 %.

Du temps de nos grands-parents, il fallait se marier, alors, on se mariait ! Il n'était pas question pour une femme décente de vivre avec un homme sans la bénédiction religieuse. Celle qui osait le faire se trouvait rapidement mise à l'écart par la collectivité et héritait de l'appellation péjorative de « concubine ». Le mariage était la norme.

Maintenant, la société québécoise n'est plus homogène. Certes, dans certaines communautés culturelles, la pression sociale pousse encore les hommes et les femmes à officialiser leur union. Toutefois, chez les Québécois « de souche » – et au grand dam des boutiques de robes de mariée –, on ne sent pratiquement plus aucune pression de la société pour se marier.

La société québécoise a beaucoup évolué en très peu de temps. Il y a 50 ans à peine, les Québécois se mariaient tous à l'église et peuplaient le Québec avec leurs nombreux enfants.

Pour maintes raisons, ce n'est plus le cas aujourd'hui. Cette ferveur religieuse n'existe plus. Une majorité de Québécois ne sentent plus le besoin de faire « consacrer » leur union par l'Église. L'enfant né d'un couple non marié n'est plus « illégitime ». Aujourd'hui, au Québec, être marié ne représente plus un statut social comme autrefois. Les femmes sont de plus en plus autonomes financièrement, cherchant non seulement à bâtir une famille, mais aussi à s'épanouir professionnellement. En 1966, la majorité des hommes et des femmes se mariaient. En 2006, seulement 27,7 % des hommes et 30 % des femmes se marient[4].

Avec la Révolution tranquille, nos mentalités ont changé. Le rejet de l'Église et de son dogme, combiné à l'invention de la pilule contraceptive et à l'arrivée massive des femmes sur le marché du travail, nous ont forcé à remettre en question les institutions sociales et religieuses qui guidaient nos vies quotidiennes et qui faisaient partie du tissu social québécois. Fini le temps où l'on considérait que le concubinage était contraire aux bonnes mœurs ou à l'ordre public.

---

4. Institut de la statistique du Québec, *Le bilan démographique*, 2007.

Oui, il est vrai que les Québécois se marient encore. Mais alors qu'en 1981, seulement 8 % des couples du Québec vivaient en union libre[5], en 2001 (soit 20 ans plus tard seulement), 30 % des couples se trouvent dans cette situation. La proportion a même augmenté à 35 % en 2006. Si l'on considère que 30 % de la population est constituée de personnes vivant seules, il y a donc presque autant de gens vivant en union libre que de gens mariés au Québec! C'est énorme, si l'on compare nos statistiques avec celles du reste du Canada, où seulement 18,4 % des couples vivent en union libre[6], et avec celles de nos voisins du Sud, où cette proportion n'est que de 8 %. Nous devançons même les pays nordiques progressistes telles la Finlande (24 %) et la Suède (25 %).

	Mariages célébrés au Québec	Couples mariés avec enfant	Enfants nés de parents mariés	Enfants nés hors mariage	Unions libres
1975	51 690		90 %		
1981		82 %			8 %
1983			20 %		
1999	22 908				
2001		53 %			30 %
2003			60 %		
2005			40 %		
2006	21 000				35 %

---

5. Institut de la statistique du Québec, *op. cit.*
6. Statistique Canada, Recensement de 2006.

Au Québec, nous semblons donc apprécier particulièrement la vie en union libre et il n'y a aucune raison de croire que cette situation changera dans un avenir rapproché.

LES COUPLES DISTINCTS

S'il n'y a plus de conséquences sociales pour les couples vivant en union libre, qu'en est-il de l'impact juridique de ce mode de vie ? Quelles conséquences cette décision peut-elle avoir dans votre vie ?

Au Québec, lorsqu'un couple n'est pas marié, aucun cadre légal ne peut le guider. Ce n'est pas le cas ailleurs au Canada, où les législations provinciales prévoient qu'après une période déterminée de vie commune, les conjoints non mariés ont tout de même une obligation alimentaire l'un envers l'autre. Par exemple, en Ontario, un conjoint peut réclamer une pension alimentaire après trois ans de vie commune, ou même moins si le couple a un enfant. En Colombie-Britannique, un conjoint non marié peut demander à l'autre une pension alimentaire si le couple a cohabité pendant deux ans et si cette réclamation se fait dans l'année qui suit la séparation.

Au Québec, aucune loi n'encadre la gestion de l'argent dans un couple vivant en union de fait ni les responsabilités de chacun au foyer; en cas de rupture, aucune règle ne dicte la répartition équitable des biens ni les obligations des conjoints l'un envers l'autre. En effet, quand les conjoints vivent ensemble sans se marier (et même si des enfants sont issus de l'union), leur couple n'est pas régi par les dispositions légales de la société d'acquêts, ni par la séparation de biens et le patrimoine familial. Aucune loi ne les force à partager leurs REÉR ou à payer une pension alimentaire à leur partenaire advenant une séparation.

LES DIVORCES

53 % des mariages se terminent en divorce.
25 % des divorcés se remarient.

En plus, il y a place à la confusion. Certaines lois considèrent les conjoints de fait comme des gens mariés, surtout lorsqu'il s'agit de prendre l'argent dans les poches de ces contribuables pour le remettre à l'État ! Par exemple, les revenus de votre conjoint sont pris en considération lorsque vient le temps de préparer votre déclaration fiscale, de demander de l'aide juridique ou de l'aide sociale. De la même façon, de nombreuses lois d'indemnité (accidents de travail, assurance automobile, normes du travail, indemnisation des victimes d'actes criminels, par exemple) incluent les conjoints de fait lorsqu'il s'agit de paiement de prestations au survivant. Les prestations d'assurance vie en cas de décès et certains régimes de retraite permettent aussi au conjoint ou à la conjointe de bénéficier de la couverture au même titre qu'une personne mariée.

On constate donc que l'État tient compte de ce phénomène qu'est l'union libre au Québec. Par contre, c'est aussi à cause de ces nombreuses lois que les Québécois croient erronément qu'après un certain nombre d'années de vie commune, ils sont considérés comme étant «mariés», avec tout ce que cela implique de droits et d'obligations. Or ce n'est pas le cas!

UN CONJOINT AVERTI EN VAUT DEUX

Voici comment la loi définit les conjoints de fait :

⚖ **Art. 61.1**

Sont des conjoints de fait deux personnes, de sexe différent ou de même sexe, qui font vie commune et se présentent publiquement comme un couple, sans égard, sauf disposition contraire, à la durée de leur vie commune[7].

Cette même loi présume que deux personnes sont des conjoints de fait lorsqu'elles font vie commune depuis au moins un an, ou lorsqu'elles ont un enfant. Mais attention! Cela ne veut pas dire qu'après un an, elles acquièrent automatiquement des «droits». Néanmoins, certains liens juridiques sont créés même lorsqu'un couple n'est pas marié.

---

7. *Loi d'interprétation* (L.R.Q., c. I-16, article 61.1).

Lors de l'achat d'une maison ou d'une demande de marge de crédit au nom des deux conjoints, par exemple, des liens juridiques sont créés, que les partenaires soient mariés ou pas ! C'est lors de la rupture que la situation peut se corser. On sait tous qu'un mariage peut se terminer par le divorce… mais on sait moins que la vie commune peut se terminer par un… procès devant les tribunaux !

Si vous ne vous mariez pas en croyant ainsi éviter des procédures judiciaires, des obligations envers l'autre, le partage d'un bien ou la remise d'argent en cas de rupture, détrompez-vous ! Si les choses tournent mal au sein de votre couple, vos frais d'avocat risquent d'être beaucoup plus élevés que dans le cas d'un divorce et le montant que vous auriez eu à débourser pour faire rédiger un contrat de vie commune vous semblera bien minime en comparaison ! **Vivre en tant que couple en union libre au Québec ouvre la porte à des réclamations de toute nature.**

Il n'y a rien de plus désolant pour un avocat que d'annoncer à une femme qui a consacré 25 ans de sa vie à son conjoint et à ses enfants qu'elle n'a droit à absolument *rien* en cas de rupture, car tout est au nom de son conjoint ; même si elle a des recours, elle n'a pas les moyens de financer une poursuite judiciaire. Et que dire à l'homme d'affaires qui, après un divorce, croyant que l'union libre le protégerait de toute réclamation éventuelle de la part de sa nouvelle conjointe, fait maintenant face à une demande financière ?

Si l'on décide de ne pas se marier pour éviter d'être soumis aux lois matrimoniales, connaît-on ses droits de conjoint pour autant? S'informe-t-on de ses obligations avant de s'engager dans une relation? La réalité démontre malheureusement le contraire...

Chapitre 4

Que dit la loi?

«En amour, on ne compte pas.»

«Je ne connais pas mes droits – mais je l'aime!»

À moins que nous soyons avocat, juge ou législateur, la loi ne fait pas partie de nos inquiétudes quotidiennes. On la voit comme une chose aride et ennuyeuse, difficile à déchiffrer et écrite dans une langue secrète! Lorsque nous vaquons à nos occupations quotidiennes, que ce soit conduire notre véhicule, signer un reçu de carte de crédit ou simplement acheter un café, nous n'avons pas le réflexe de nous demander quelle disposition législative nous gouverne. Souvent, c'est seulement lorsque nous nous heurtons à une difficulté (excès de vitesse ou vol d'identité, par exemple) que nous faisons soudainement face à la réalité juridique et que nous comprenons que la loi est omniprésente dans notre existence.

Il en va de même lorsque nous amorçons une vie de couple. Loin de nous l'idée de nous demander comment la loi nous affectera. Mariés ? Conjoints de fait ? Aucune différence ! Attention...

SE MARIER OU NE PAS SE MARIER ? VOILÀ LA QUESTION !

Au Québec, fonder une famille n'exige plus des futurs parents d'avoir auparavant convolé en justes noces. Les femmes ne portent plus le nom de leur mari. Les couples vivant en union libre ne sont pas traités différemment par la société. Mais la loi, elle, fait toute une différence. Il ne faut pas oublier qu'une des composantes importantes du mariage est qu'il constitue une institution *juridique*. Le mariage fournit une structure, un encadrement, des balises pour la vie de couple. Il est formé d'obligations et de droits, lesquels sont clairement définis dans nos lois. Ces lois disent comment fonctionner autant durant le mariage que lors de la rupture de la relation ou du décès de l'un des conjoints. Son but principal est de protéger les biens familiaux et d'assurer leur partage équitable.

La base de toutes nos lois est le *Code civil du Québec*. Ce code est la pierre angulaire de notre système judiciaire. Le *Code civil* regroupe un grand nombre d'articles (un total de 3 168 !) régissant différents domaines de notre vie, comme le montrent les titres de chapitres : le Livre des personnes, de la famille, des successions, des biens, des obligations, etc.

La loi, qui est aussi le reflet des normes qu'une société choisit, donne aux couples mariés ce qu'on appelle un *régime matrimonial*. Ce régime est en fait un contrat rédigé par l'État, qui nous dit comment partager nos biens et quelles sont nos responsabilités, autant financières que familiales. Ce contrat se trouve dans notre *Code civil*.

Bref, lorsqu'on est marié, une structure juridique claire et précise nous guide. En réalité, en se mariant, on signe un contrat. Ce contrat lie deux personnes, mais ses clauses ne sont pas rédigées par nous : elles sont rédigées d'avance, par l'État.

VIVRE EN SOCIÉTÉ... D'ACQUÊTS

Lorsqu'on se marie au Québec sans contrat de mariage, on est automatiquement marié sous le régime de la société d'acquêts, qui existe depuis 1970. Ce régime prévoit aussi des règles spécifiques, applicables lors de la rupture de la relation ou du décès de l'un des conjoints, qui indiquent comment partager les biens accumulés ainsi que les dettes. Eh oui ! Même la loi comprend que les gens qui partagent l'amour partagent aussi les hauts et les bas de la vie, les gains et les pertes. La loi prévoit non seulement quel bien sera partagé, mais en plus, comment le partage doit se faire, avec formules de calcul à l'appui! Voici quelques exemples d'application du régime de la société d'acquêts.

LA SOCIÉTÉ DE QUOI? D'ACQUÊTS? TRADUCTION, SVP!

La société d'acquêts est le nom du régime matrimonial de base du Québec, qui indique comment administrer et partager les biens que nous possédons au moment de notre mariage (les propres) et les biens achetés durant le mariage (les acquêts).

Tout ce que la loi ne déclare pas comme étant un propre est un acquêt. Les acquêts se partagent.

Les propres (les biens qui sont exclus du partage en cas de rupture) sont, outre les biens qu'on possède le jour de notre mariage, les héritages, les droits provenant d'un régime de retraite, les vêtements et effets personnels, les instruments de travail et les biens achetés en remplacement d'un bien propre.

Lysiane et Maxime sont mariés sous le régime de la société d'acquêts. Maxime a eu des problèmes financiers et n'a pas payé ses impôts depuis plusieurs années, accumulant ainsi une dette de plus de 15 000 $ durant le mariage. Le couple se sépare et les avocats se rencontrent pour faire le bilan des biens et des dettes à partager. Lysiane apprend que cette dette fiscale de Maxime est une dette du mariage.

N'est-il pas surprenant de constater que Revenu Québec ne considère pas Lysiane directement responsable de cette dette (on ne lui réclame pas le dû de Maxime), mais que les règles de partage de la société d'acquêts stipule qu'elle doit en assumer la moitié?

George et Antoinette vivent en union libre depuis 20 ans. Antoinette a perdu son emploi et le couple, déjà endetté, a été forcé de s'endetter davantage. George utilisait ses cartes de crédit pour subvenir aux besoins de la famille. Antoinette sombre dans une dépression et décide de quitter George. Ce dernier consulte un avocat et apprend alors qu'il doit assumer seul les dettes contractées : la carte de crédit est à son nom et il n'a passé aucune entente écrite avec Antoinette. Si le couple était marié en société d'acquêts, George pourrait réclamer d'Antoinette le paiement de la moitié de ces dettes.

On constate rapidement que le régime de la société d'acquêts a des avantages et des inconvénients. Si vous avez des biens que vous ne voulez pas partager (par exemple, les profits d'une entreprise familiale, un commerce ou des investissements à la Bourse), il est possible que la société d'acquêts ne soit pas le régime idéal pour vous. Peut-on être marié et décider de ne pas être en société d'acquêts? Absolument. Certains couples choisissent de se marier sous un autre régime, celui de la *séparation de biens*, au moyen d'un contrat de mariage signé devant un notaire. La séparation de biens signifie que chaque époux est propriétaire des biens à son nom et le demeure après la fin de la vie de couple.

LA SÉPARATION DE BIENS

Ce régime est choisi par le couple et constaté dans un contrat de mariage qui doit être notarié. Sous ce régime, chaque époux a l'administration, la jouissance et la libre disposition de ses biens.

Par conséquent, chaque époux dispose à sa guise des biens qui sont à son nom, sauf les biens qui font partie du patrimoine familial, lesquels sont partageables peu importe au nom de qui ils se trouvent.

Johanne et Bruno sont mariés depuis 12 ans en séparation de biens. Il y a cinq ans, Bruno a démarré une petite compagnie de vente d'objets publicitaires. Cette compagnie est exploitée dans la résidence familiale, mais elle est la propriété exclusive de Bruno.

Comme elle est au nom de Bruno seulement, cette compagnie lui appartient et il n'aura pas à la partager avec Johanne si le couple se sépare. La compagnie ne fait pas partie de la société d'acquêts, puisque les partenaires ont choisi de vivre sous le régime de la séparation de biens.

QU'EST-CE QU'UN CONTRAT DE MARIAGE ?

C'est une entente signée par le couple pour déterminer ce qui est partageable et ce qui ne l'est pas.

Au Québec, seuls les notaires peuvent préparer un contrat de mariage. On ne peut pas y insérer des clauses destinées à contourner la loi, par exemple pour éviter l'application du patrimoine familial.

Le contrat de mariage indique le régime matrimonial sous lequel vivent les époux, mais il peut aussi contenir un inventaire des biens possédés par chacun avant le mariage et des clauses de donation (meubles, etc.). Habituellement, le contrat de mariage est signé quelques jours avant la célébration, mais il est possible de signer un contrat de mariage en tout temps, de modifier celui qui est déjà signé et même de changer de régime matrimonial.

LE PATRIMOINE FAMILIAL : POUR TOUTES LES FAMILLES, SAUF CERTAINES

En 1989, dans le but de protéger les avoirs les plus importants des familles et d'empêcher l'appauvrissement des femmes après le divorce, le gouvernement du Québec a décidé de créer le *patrimoine familial*. Cela signifie que certains biens acquis durant le mariage sont partagés entre les époux en cas de rupture, peu importe au nom de qui le bien est enregistré et qui l'a payé, et ce, même si le couple a signé un contrat de mariage. Ces biens, sauf certaines exceptions très particulières, seront partagés à parts égales entre les époux, déduction faite des dettes qui y sont reliées. La loi prévoit également que des sommes reçues à titre de donation ou d'héritage peuvent être comptabilisées dans le patrimoine familial.

Si vous êtes marié en société d'acquêts, tous les biens achetés durant le mariage (y compris ceux qui font partie du patrimoine familial) sont déjà protégés par la société d'acquêts. Par contre, si vous êtes marié avec un contrat de mariage en séparation de biens, alors le patrimoine familial protège certains biens qui ne l'étaient pas avant 1989.

DE QUOI EST COMPOSÉ LE PATRIMOINE FAMILIAL ?

Le patrimoine familial est composé de biens suivants, moins les dettes qui y sont rattachées :

- La résidence principale ;
- la résidence secondaire (eh oui ! le chalet ou la roulotte) ;
- les meubles qui se trouvent dans ces résidences (même ceux qui ne sont pas beaux...) ;
- les véhicules d'usage de la famille (ce qui peut inclure le vieux bazou, le VTT, les motoneiges, etc.) ;
- les fonds de pension et les REÉR.

Le patrimoine familial protège tous les Québécois *mariés*, quel que soit leur régime matrimonial. D'ailleurs, les couples mariés ne peuvent pas échapper à l'application des règles du patrimoine familial en signant une entente : c'est une règle d'ordre public, c'est-à-dire incontournable. Il n'est pas possible de renoncer d'avance, par contrat de mariage, au patrimoine familial. Les biens qui le composent sont donc protégés dans tous les cas.

Luc-Antoine est en affaires depuis plusieurs années, âme dirigeante d'une petite entreprise familiale très prospère. Il habite avec Marie-Pierre depuis plus de cinq ans et le couple envisage de fonder une famille. Luc-Antoine et Marie-Pierre ont décidé de se marier, et Luc-Antoine veut avoir des conseils, puisqu'il veut protéger autant l'entreprise familiale que la petite famille qui verra bientôt le jour. Il consulte un avocat et l'interroge sur les implications et les conséquences juridiques du mariage.

— *Je veux comprendre le patrimoine familial. Qu'est-ce qui le compose et à quoi cela sert-il ? Si je me marie, pourrai-je éviter l'application des règles du patrimoine familial ? Dois-je tout partager, y compris mon entreprise ?*

— *Au Québec, vous avez le choix entre deux régimes : la société d'acquêts ou la séparation de biens. La société d'acquêts inclut tous les biens acquis durant le mariage ; donc, vous partagez tout ce que vous gagnez durant le mariage, et cela peut inclure votre part des gains de votre entreprise. La séparation de biens est le contraire : vous partagez seulement ce qui est au nom des deux époux. Ce qui est à votre nom seul vous appartient et ne sera pas partagé en cas de rupture.*

— *Mais le patrimoine familial ?*

— *Le patrimoine familial est composé de cinq types de biens : la résidence principale, la résidence secondaire, les meubles, les voitures et les fonds de pension acquis durant le mariage. Même si vous êtes en séparation de biens, le patrimoine doit être respecté et les biens que je viens de mentionner sont partageables, peu importe au nom de quel conjoint ils se trouvent.*

— *Vous dites qu'en cas de rupture, la maison sera partagée, et ce, même si elle a été acquise avant le mariage et qu'elle est au nom d'un seul conjoint ?*

— *Oui, mais évidemment, la loi prévoit que la valeur de la maison lors du mariage vous revient, ainsi que la plus-value, qui est la croissance de cette valeur.*

— *Peut-on éviter le patrimoine familial ?*

— *Non. Vous ne pouvez pas y renoncer d'avance, ni même par le contrat de mariage. C'est impossible d'éviter le partage de ces biens.*

— *Quelle est la différence entre la société d'acquêts et le patrimoine familial ?*

— *En réalité, il n'y en a aucune.* Les biens du patrimoine familial, que l'État a décidé de créer en 1989, faisaient déjà partie de la société d'acquêts et se partageaient entre les époux en cas de séparation ou de décès.

— Alors quelle est l'utilité de cette loi ?

— Elle vise à protéger les gens mariés sous le régime de la séparation de biens. Souvent, tous les biens étaient au nom de l'homme. À la fin du mariage, même un mariage de plusieurs années, la femme se trouvait devant rien. Cette loi permet donc de garantir au moins le partage de ces biens.

— Et si je ne veux pas partager l'entreprise familiale ?

— Alors le régime idéal pour vous est la séparation de biens. Votre future épouse ne pourra pas en réclamer une part, car l'entreprise ne fait pas partie du patrimoine familial.

— Après notre mariage, Marie-Pierre veut fonder un commerce d'importation qui a des chances de grossir et de produire des gains importants dans quelques années. Est-ce que j'aurai droit à une part de l'entreprise ?

— Si vous êtes en société d'acquêts, oui. Si vous êtes en séparation de biens, non.

— Je dois penser à beaucoup de choses avant de prendre une décision...

Attention ! Cette protection du patrimoine familial **ne s'applique pas** aux conjoints de fait. Pour eux, chaque bien appartient à la personne dont le nom apparaît sur l'acte d'achat ou la facture. Si la maison est à votre nom et à celui de votre conjoint, alors la maison vous appartient à tous les deux à parts égales, à moins que l'acte d'achat n'indique autre chose. Si votre voiture est à votre nom, elle vous appartient et vous pouvez en faire ce que vous voulez : la vendre, la donner même, puisque votre conjoint n'a aucun pouvoir de décision sur le bien qui ne lui appartient pas.

Pour les couples mariés, les fonds de pension et les REÉR ainsi que les sommes accumulées durant le mariage auprès de la Régie des rentes sont partageables entre les époux en cas de décès ou de rupture. Ce n'est pas le cas pour les conjoints de fait. En union libre, quels que soient le temps passé sous le même toit ou le nombre d'enfants mis au monde, aucune loi ne force le partage de ces biens. S'il y a partage, il dépend du bon vouloir des conjoints, bon vouloir qui diminue souvent considérablement lors d'une rupture...

Il est vrai qu'une personne non mariée peut bénéficier du fonds de pension de son conjoint en cas de décès de ce dernier, mais pour cela, le couple doit avoir cohabité jusqu'au moment du décès. Si le couple rompt, l'ex-conjoint ne peut plus bénéficier de cet avantage, contrairement aux gens mariés : lors du divorce, la valeur du fonds de pension est partagée.

SECOURS ET ASSISTANCE ?

En plus de devoir partager leurs biens, les époux québécois ont des obligations l'un envers l'autre, comme le stipule le *Code civil du Québec*.

 Art. 392

> *Les époux ont, en mariage, les mêmes droits et les mêmes obligations.*
> *Ils se doivent mutuellement respect, fidélité, secours et assistance.*
> *Ils sont tenus de faire vie commune.*

Respect et fidélité : simple à comprendre. Secours et assistance ? Quoi ? Qu'est-ce que cela veut dire ? Cela signifie que je dois pourvoir aux besoins de l'autre s'il est incapable de le faire. C'est grâce à cet article que je peux demander à mon époux de me payer une pension alimentaire en cas de rupture, **obligation qui n'existe pas entre les conjoints de fait**, car au Québec, cette obligation est une conséquence du mariage.

Une autre des obligations des époux est de contribuer aux charges du mariage. Charges du mariage ? Veut-on dire que le mariage est un fardeau ? Non. Les charges du mariage sont les obligations matérielles du couple. Mais comment chaque époux doit-il y contribuer ? En temps ? En argent ? En services ?

 Art. 396

Les époux contribuent aux charges du mariage à proportion de leurs facultés respectives. Chaque époux peut s'acquitter de sa contribution par son activité au foyer.

On contribue donc à la famille soit par notre argent, nos responsabilités, ou par nos activités domestiques : élever les enfants, préparer les repas et entretenir la maison, par exemple. C'est cet article du *Code civil* qui empêche la reddition de compte à la fin du mariage. Autrement dit, dans le mariage, la loi présume que chacun a contribué à la vie familiale à sa façon et selon ses capacités, peu importe qui a payé quoi. Ce n'est que dans des cas **très exceptionnels** qu'il est possible de demander une compensation pour avoir fait plus que notre part dans le mariage.

VRAI OU FAUX ?

Le patrimoine familial s'applique autant aux conjoints de fait qu'aux gens mariés.

FAUX.

En résumé, le *Code civil* guide les gens mariés et leur fournit un régime de vie.

Au contraire, les gens vivant en union libre au Québec ne disposent d'aucune loi équivalente pour les guider. Pour eux, la loi ne prévoit aucun contrat. Contrairement aux autres provinces, le Québec a toujours protégé cette liberté de choix des individus ; d'où l'expression « union libre ». Pour les conjoints de fait, aucun cadre juridique ne prévoit qui doit contribuer à quoi pendant la vie commune ni comment partager les biens en cas de séparation. Il n'y a aucun bien protégé ni aucune garantie légale. D'ailleurs, plusieurs Québécois croient qu'en n'étant pas mariés, ils évitent le divorce, les procédures judiciaires et surtout les frais d'avocat. Cette croyance populaire crée un faux sentiment de sécurité. Vous voulez échapper aux tracas judiciaires en cas de rupture et c'est pour cela que vous ne vous mariez pas ? Détrompez-vous. La nature de la relation, les circonstances, les contributions de l'un ou de l'autre peuvent, à un moment donné, être comptabilisées et monnayées et une compensation peut être réclamée par l'un des conjoints devant nos tribunaux.

C'EST FINI !

— *Maintenant qu'on se laisse, tu me dois de l'argent.*
— *Pourquoi ?*
— *J'ai payé les rénovations de la salle de bain.*
— *Oui, mais j'ai payé ton auto, qui est au nom de ma compagnie !*

— *Auto dans laquelle je conduis nos enfants à l'école
et à leurs activités! En passant, j'ai calculé que deux
tiers de mes revenus servent à la famille.*

— *À qui crois-tu que sert mon argent quand je paye
l'hypothèque et les taxes municipales?*

— *Cette maison est à ton nom, malgré les promesses
que tu m'as faites de m'en donner la moitié!*

Et chacun prend rendez-vous avec son avocat...

En effet, on voit de plus en plus des conjoints de fait porter
leur cause devant les tribunaux, avec toutes sortes de réclamations. Ils engagent des frais énormes afin d'être compensés ou de se faire indemniser monétairement, mais les
résultats sont souvent décevants. L'amertume, la peine,
l'impression subjective d'être victime d'une injustice financière sont toutes des raisons qui amènent des gens qui
s'aimaient à réclamer leur dû. Comme aucune loi ne régit
leurs relations juridiques, toute réclamation est possible
et personne n'est à l'abri des poursuites.

Dupuis c. Luedders, Juge Jean-François de Grandpré,
12 décembre 2003.

On ne peut pas réduire une relation de couple à une
reddition de comptes comme madame voudrait le
faire. Le danger est de sombrer dans le détail. Chaque
conjoint pourra toujours remettre sur le tapis un
événement, une occasion, une dépense qui devrait
être compensée.

Entre conjoints de fait sans contrat de vie commune, ni les ententes ni les attentes ne sont claires : elles ne sont pas écrites. De plus, les attentes changent avec le temps. Pour les gens mariés, l'entente est claire, puisqu'elle se trouve dans le *Code civil*. Elle peut également être modifiée par un contrat de mariage. Mais sans mariage et sans contrat, le terrain est très fertile pour les mésententes. Et ce sont précisément les **mésententes** qui amènent les gens dans le bureau d'un avocat et devant les tribunaux, ce qui entraîne toujours des coûts, tant financiers qu'émotifs.

À cela s'ajoute le fait que les procédures prennent du temps. La Cour supérieure a une division spéciale consacrée à la famille : la Chambre de la famille. On y applique des règles de procédures particulières pour les causes de divorce, de garde d'enfants, de pension alimentaire, de paternité, etc. Le système mis en place vise l'efficacité, puisqu'on sait fort bien que les problèmes de nature familiale doivent être résolus rapidement. Toutefois, la Chambre de la famille ne s'occupe pas des réclamations financières entre conjoints de fait ; pour ces causes, on doit procéder comme pour toutes les causes civiles. Par conséquent, la même personne, voire la même famille, peut se trouver devant deux cours différentes : devant la Chambre de la famille pour régler les questions de la garde des enfants et de la pension alimentaire, et devant la Chambre civile pour débattre du partage de la résidence. Donc, deux juges, deux procès et deux factures, sans oublier le stress de deux litiges !

Que faire pour éviter tout cela ? Si le *Code civil* ne propose pas un contrat rédigé d'avance pour les conjoints de fait, **absolument rien n'empêche les conjoints de signer tout de même un contrat.** En effet, vous pouvez établir votre propre contrat, rédigé sur mesure, qui deviendra une entente personnalisée reflétant vos besoins et les priorités de votre couple. Bref, vous êtes libre de faire votre propre loi ! Voilà une façon simple et efficace de vous protéger, tout en protégeant votre partenaire, vos enfants et votre famille.

JUSQU'À CE QUE LA MORT NOUS SÉPARE...

Il existe également une différence entre les gens mariés et les conjoints de fait au moment du décès.

Évidemment, il est toujours préférable d'avoir fait un testament. Cela permet une disposition claire et précise des biens, et protège autant le survivant que les enfants. Souvent, les époux se laissent mutuellement tous leurs biens. Ils sont donc protégés en cas de décès et le conjoint survivant gère les biens pour la famille.

Même si le testament exclut l'époux ou l'épouse, le survivant marié a droit au partage du patrimoine familial et de la société d'acquêts (si le couple est marié sous le régime de séparation de biens, alors le survivant marié a droit au partage du patrimoine familial seulement). Le reste des biens est partagé en conformité avec le testament.

Et s'il n'y a pas de testament ? Dans ce cas, les biens faisant partie du patrimoine familial sont protégés et partagés d'abord avec le survivant marié. Ensuite, l'époux et les enfants héritent des autres biens, l'époux recevant un tiers et les enfants deux tiers de l'héritage.

Si votre conjoint est un petit peu négligent et que, au moment de son décès, il est toujours marié à son ex-femme, car il n'a pas pris la peine de signer les papiers de divorce ? Eh bien, elle héritera d'une partie importante de ses biens, sinon de la totalité : elle recevra probablement tous les avantages de son fonds de pension et certainement sa part du patrimoine familial. Si votre conjoint s'était marié sans contrat, son ex-femme recevra également sa part de la société d'acquêts. Vous risquez de vous retrouver avec elle devant les tribunaux pour le partage des biens, et vous risquez même de voir votre maison partagée entre vous et elle. Ce n'est sûrement pas ce que vous voulez. Alors, voyez rapidement à régulariser la situation, car même un testament ne peut pas empêcher l'ex-épouse de réclamer sa part, qui inclut le patrimoine familial.

À cela s'ajoute la nécessité de rédiger un *mandat d'inaptitude*. Les gens mariés peuvent administrer les biens de leur partenaire lorsque ce dernier devient incapable de le faire. Mais pour faire la même chose, les conjoints de fait ont besoin d'un document : un mandat d'inaptitude. Ce mandat accorde non seulement le droit au conjoint d'administrer les biens de son partenaire devenu inapte à le faire lui-même, mais il lui donne aussi la responsabilité de protection de la personne (par exemple, pour décider des soins médicaux requis). Il est important d'avoir en main ce document, afin de permettre à l'un des deux conjoints de gérer les biens et de protéger ainsi la famille.

Et qu'arrive-t-il aux conjoints de fait en cas de décès? S'il existe un testament, il sera certainement respecté. Toutefois, si le testament ne prévoit rien pour vous, le conjoint survivant, alors vous n'aurez rien. Tout ira aux légataires indiqués dans le testament, y compris la moitié de votre maison si elle est en copropriété. En effet, si votre maison est à vos deux noms, la partie du défunt ira à ses héritiers légaux... qui peuvent demander sa mise en vente immédiate, exiger de votre part le paiement d'un loyer... ou refuser de payer des réparations urgentes.

COMMENT FAIRE UN TESTAMENT?

Il existe trois types de testament:

le testament notarié, rédigé par un notaire;

le testament olographe, entièrement écrit à la main et signé par le testateur;

le testament devant témoins, dactylographié ou écrit à la main, signé en présence de deux témoins majeurs.

Qui sont les héritiers légaux lorsqu'il n'y a pas de testament? D'abord, les enfants du défunt. Les enfants que vous avez eus ensemble, bien sûr, mais il est aussi possible que votre conjoint ait des enfants issus d'une union antérieure.

S'ils sont mineurs, leur mère ou leur père (donc l'ex-conjoint du défunt) est probablement leur tutrice ou tuteur et c'est elle ou lui qui administrera leurs biens. Voilà que vous devez faire affaire avec l'ex de votre conjoint... On peut aussi penser aux enfants adultes qui deviennent les héritiers. Parfois, ils sont peu compréhensifs lorsque vient le temps de respecter le deuil des autres...

Par contre, si le défunt n'a pas d'enfant, ce sont ses parents qui héritent. Votre belle-mère, qui n'a jamais aimé que son enfant décide de vivre avec vous, devient soudainement la copropriétaire de votre maison... Ouf!

Et si la maison est au nom d'un seul des conjoints? Voici un cas où la maison était au nom d'un seul des conjoints et où il n'y avait pas de testament...

Sylvie et Lise cohabitent pendant plusieurs années dans un petit village et cachent pendant longtemps leur relation. Au cours des années, Sylvie dépose dans le compte de Lise des sommes d'argent considérables, qui sont utilisées pour acheter des biens immeubles. Ces biens sont au nom de Lise mais le couple les partage. Lise tombe malade et, pendant plusieurs années, Sylvie s'occupe d'elle. Arrive l'inévitable. À peine quelques mois après son décès, la succession de Lise prend des recours et expulse Sylvie de la maison habitée par le couple, sans lui permettre d'emporter quoi que ce soit.

Lise, trop faible et trop malade, n'avait pas fait de testament.
Ses frères et sœurs héritent de ses biens, d'une valeur totale
de plus de 400 000 $, et se partagent la succession. Sylvie entre-
prend des recours pour récupérer son dû, soit les sommes qu'elle
a investies dans les immeubles, totalisant 190 000 $. La Cour
lui donne raison : elle pourra récupérer 150 000 $. Toutefois,
les héritiers ont déjà dépensé leur part de la succession...

Quelle triste histoire ! Sylvie a non seulement perdu sa
compagne de vie, mais elle a été expulsée de chez elle, et en
plus, elle a dû engager des frais d'avocat et vivre le stress
d'un procès, sans compter le fait qu'elle doit maintenant
poursuivre la famille de son amoureuse...

Si vous êtes conjoint de fait, cet exemple devrait être suffisant pour vous convaincre de remplir le « vide juridique »
de votre situation en signant un contrat de vie commune
assorti d'un testament[1] et d'un mandat d'inaptitude.

Les conjoints de fait ne peuvent faire aucune donation de
biens à venir ni donation à cause de mort, sauf par testament. Si j'écris sur une feuille de papier ou dans un contrat :
« *Je donne ma maison à mon conjoint lors de mon décès* »,
cette donation n'est pas valide. Pour faire une donation à
cause de ma mort, je dois absolument le mentionner dans

---

1. Si vous avez fait un testament selon lequel votre conjoint est votre
   héritier et que, par la suite, vous cessez de vivre ensemble, il est
   très important de modifier votre testament, car la cessation de vie
   commune ne met pas fin aux legs prévus dans un testament. Votre
   ex-conjoint héritera alors, même si vous n'habitez plus ensemble.

un contrat de mariage (donc, je dois être marié!) ou dans un testament. Je ne peux pas non plus donner un bien qui n'existe pas dans le présent. Il est important de bien avoir tout cela à l'esprit lorsqu'on rédige un contrat de vie commune; voilà pourquoi il est important de faire ce contrat avec l'aide d'un juriste.

Voyons maintenant ce qu'il en est des assurances vie. Selon le *Code civil*, si vous êtes marié et que votre douce moitié est le bénéficiaire de votre assurance vie, cette désignation est considérée irrévocable, sauf stipulation contraire. Donc, pour changer de bénéficiaire, l'époux qui bénéficie de l'assurance vie doit donner son accord, à moins que la police ne contienne une clause particulière à ce sujet. Par contre, si vous êtes conjoint de fait, le bénéficiaire de votre assurance vie peut être changé à tout moment, sans avis, sauf s'il existe un écrit autre que le testament qui prévoit ce bénéficiaire, tel un contrat de vie commune.

Ces quelques pages ne sont pas destinées à vous faire peur... Cependant, vous aurez sans doute compris l'importance de signer une entente écrite, soit un contrat de vie commune, avec votre douce moitié!

Voyons maintenant sur quoi ce contrat doit porter.

Chapitre 5

Notre chez-nous

«On a enfin trouvé un beau logement abordable!»
«On déménage le 1er juillet!»

LA VIE EN COLOCS

La vie commune d'un jeune couple débute souvent dans un appartement. Votre garçonnière est trop petite ou votre blonde partage déjà son logement avec trois filles? Après avoir déniché ensemble l'appartement idéal à un prix abordable, il vous faut passer à l'étape suivante: signer le bail. Les jeunes partenaires avec de faibles revenus, en fin d'études ou en recherche d'emploi, signent souvent le bail au nom des deux. Les deux conjoints seront donc responsables du paiement du loyer. Si l'un n'acquitte pas sa part, l'autre devra le faire pour lui, quitte à réclamer le montant dû par la suite.

Et si le bail est au nom d'un seul des conjoints ? Le conjoint non signataire est considéré comme un « invité » et n'a aucun droit acquis d'habiter dans l'appartement. Le signataire du bail peut donc demander à l'autre de s'en aller à n'importe quel moment. Et si c'est le conjoint qui a signé le bail qui part ? Selon l'article 1938 du *Code civil*, celui qui a été laissé a le droit de continuer à occuper le logement même s'il n'a pas signé le bail, à condition d'avoir vécu au moins six mois avec le signataire et d'aviser le propriétaire du changement dans les deux mois suivant la cessation de la vie commune.

LA RÉSIDENCE FAMILIALE

La résidence familiale est le lieu principal où habite la famille. La résidence familiale fait partie du patrimoine familial lorsque le couple est marié. Pour les conjoints de fait, cette disposition légale n'existe pas.

Si vous êtes marié, le logement est considéré comme une « résidence familiale » ; par conséquent, les deux époux doivent participer à toute décision le concernant. Par exemple, l'un des époux ne peut pas céder le bail sans le consentement de l'autre.

Vous devriez donc bien connaître vos droits et obligations si vous êtes colocataire, avec ou sans bail. Une visite sur le site Web de la Régie du logement[1] pourra certainement vous éclairer. Pour éviter les problèmes, vous pourriez par exemple

---

1. www.rdl.gouv.qc.ca

signer un contrat concernant le paiement du loyer, le partage des dépenses (électricité, câble et téléphone, par exemple), le départ de l'un ou de l'autre et la période de grâce qui peut être accordée en cas de fin de vie commune.

CE CHEZ-VOUS EST-IL BIEN LE VÔTRE ?

L'achat d'une maison : voilà une étape importante et excitante dans la vie d'un couple ! C'est souvent le symbole de l'engagement, de la volonté de stabiliser la relation, de fonder une famille, de partager la joie de se donner un chez-soi. On choisit le quartier avec soin, on visite plusieurs résidences, on négocie l'hypothèque à la mesure de nos besoins et de nos capacités financières, on choisit les couleurs des pièces, on s'imagine assis sur le patio avec un petit verre en train d'admirer nos géraniums... Mais n'a-t-on pas oublié un petit détail ? Quelles sont les conséquences légales de cet achat si important ?

Selon le sondage Ipsos Descarie réalisé par la Chambre des notaires en 2007, 67 % des gens qui vivent en union libre sont propriétaires d'une résidence. Dans 33 % des cas, la résidence appartient à un seul des conjoints. Or, lorsqu'un couple non marié partage un même toit mais que l'acte d'achat est au nom d'un seul des deux conjoints, le propriétaire de la maison peut en disposer à sa guise, et ce, même si le couple a des enfants. En effet, comme il n'y a aucun lien juridique entre les conjoints, il n'y a aucun lien juridique entre le conjoint non propriétaire et le lieu de résidence. Voici un exemple :

Chloé et Pierre-André tombent amoureux. Pierre-André a une belle maison dans un quartier huppé de Montréal. Il invite Chloé à vivre avec lui, ce qu'elle accepte volontiers. Pierre-André gagne bien sa vie. Il n'a besoin d'aucune contribution de Chloé pour les frais de la maison, et il paye toutes les dépenses. Le couple souhaite ardemment fonder une famille, mais les années passent et Chloé ne réussit pas à tomber enceinte. Pierre-André voit le temps filer sans que son espoir d'être père soit comblé. Le couple vit des moments difficiles, et finalement, Pierre-André met fin à la relation. Il demande à Chloé de quitter sa résidence, et ce, rapidement. Chloé ne comprend pas – n'a-t-elle pas des droits ? Ne peut-elle pas continuer à résider dans cette maison où elle vient de passer plusieurs années ?

Chloé n'a aucun droit. Pierre-André est libre de lui demander de partir à n'importe quel moment et il n'a absolument aucune obligation légale envers elle. La situation serait fort différente s'ils étaient mariés : Chloé pourrait alors demander un droit d'usage de la résidence, même temporaire, ou une somme d'argent pour lui permettre de s'installer ailleurs.

CETTE MAISON QUI DEVIENT UNE RÉSIDENCE

Lorsque sur l'acte d'achat d'une maison les noms des deux conjoints sont inscrits, ceux-ci deviennent ce qu'on appelle des copropriétaires indivis, qu'ils soient mariés ou pas. Vous êtes mariés ? Votre résidence devient ce que la loi appelle une « résidence familiale ». Les couples mariés bénéficient de la protection légale de leur résidence familiale : elle ne peut pas être vendue ni recevoir une charge ajoutée, telle une hypothèque, sans le consentement des deux époux. Par ailleurs, en cas de divorce, plusieurs dispositions législatives protègent également les enfants, afin de leur permettre de continuer à vivre dans leur maison, à certaines conditions.

LA DÉCLARATION DE RÉSIDENCE FAMILIALE

Il s'agit d'une déclaration écrite enregistrée au sujet de la propriété par l'un des époux au Bureau de la publicité des droits, où sont enregistrées toutes les transactions concernant des immeubles. Cette déclaration fait en sorte que l'un des époux ne pourra pas vendre ni hypothéquer l'immeuble en question sans obtenir l'accord écrit de l'autre et sans radier cette déclaration. La résidence familiale est donc protégée. **Cependant, cette protection n'existe pas pour les gens qui ne sont pas mariés.**

Pour les gens mariés, cette résidence fait donc partie du patrimoine familial. La loi est claire : en cas de rupture, à quelques exceptions près, la maison se partage à parts égales, après paiement des dettes qui y sont rattachées, peu importe qui a payé l'hypothèque, les taxes et les autres frais, et sans égard au montant payé par chacun. Que la maison soit au nom de l'un ou l'autre des époux, ou au nom des deux, n'affecte en rien le partage non plus. Par contre, si l'un des époux a acheté la maison avant le mariage, ou avait une autre maison avant le mariage qui a été vendue et dont les fonds ont servi à acheter la nouvelle résidence, alors sa contribution initiale *et* la croissance de cette contribution (la plus-value) lui reviennent. Tout cela est prévu dans la loi et personne n'y échappe, même si les époux ont signé un contrat de mariage. Les règles sont assez claires et, sauf exception, s'appliquent à tous. Simple, n'est-ce pas?

Malheureusement, ce n'est pas aussi simple pour des conjoints vivant en union libre. Si vous n'êtes pas mariés, même si vous avez une « famille », la notion de « résidence familiale » ne s'applique pas à vous, car ce principe juridique existe seulement pour les gens mariés. D'où l'importance de connaître les conséquences légales d'un décès ou d'une rupture avant d'acheter une maison. Avant de choisir la couleur de la chambre à coucher, il est sage de s'assurer qu'une entente financière claire avec la douce moitié est notée dans l'acte d'achat de la maison.

Si vous n'êtes pas marié et que vous achetez une maison, c'est le régime de la copropriété indivise qui s'applique. Rien ne différencie l'achat d'une maison pour loger votre famille de l'achat d'un immeuble avec votre frère, votre père ou un associé d'affaires. Ce n'est pas nécessaire d'avoir une relation amoureuse pour être copropriétaires d'un immeuble. Les mêmes règles de copropriété s'appliquent dans tous les cas. Ces règles se trouvent dans plusieurs articles du *Code civil*, dont l'article 1015.

⚖ Art. 1015

Les parts des indivisaires sont présumées égales.

LA COPROPRIÉTÉ

La copropriété est la propriété que plusieurs personnes ont ensemble et concurremment sur un même bien. Chaque personne détient une quote-part.

La copropriété est dite divise lorsque le droit de propriété se répartit entre les copropriétaires par fractions matériellement divisées, et une quote-part des parties communes.

C'est le cas des appartements en copropriété (condominiums). La superficie en est bien définie, nous sommes donc sous un régime de copropriété divise.

La copropriété est indivise lorsque le droit de propriété ne s'accompagne pas d'une division matérielle du bien. C'est le cas d'une maison enregistrée au nom de deux personnes : il est impossible de diviser chaque pièce en deux !

En clair, cela signifie que, quelle que soit la somme d'argent que chaque copropriétaire a versée lors de l'achat, on présume que les parts sont égales (à moins que le contraire ne soit indiqué dans l'acte d'achat), et ce, même si un des conjoints a versé plus que l'autre lors de l'achat ou lors des paiements mensuels de l'hypothèque. Si rien ne particulier n'est indiqué dans l'acte d'achat, les tribunaux concluent généralement que l'intention du couple était de partager cet immeuble à parts égales. Celui qui a payé davantage a ainsi fait un cadeau à l'autre, ce que la loi appelle une «libéralité».

CE CADEAU EST-IL VRAIMENT UN CADEAU?

Danielle et Raymond vivent dans le logement de Danielle. Le propriétaire de l'édifice veut reprendre possession de l'appartement, ce qui constitue pour le couple l'occasion de s'acheter une maison. Danielle a reçu un héritage et elle dispose de 50 000 $ pour une mise de fonds. Raymond, quant à lui, est divorcé et verse une pension alimentaire à son ex-épouse pour encore deux ans. Danielle veut que Raymond se sente chez lui et que les deux investissent autant d'énergie dans cette aventure. Elle suggère d'inscrire leurs deux noms sur l'acte de vente, même si Raymond ne fait aucun versement initial. Raymond rassure Danielle : à la longue, il investira autant d'argent qu'elle dans la maison. Dans l'acte d'achat notarié, on ne mentionne donc pas que la mise de fond de 50 000 $ provient de Danielle uniquement, ni que Raymond s'engage à payer une partie des dépenses.

Danger! Selon la loi, les parts sont présumées **égales**. Par conséquent, si le contrat d'achat ne mentionne pas qu'il y a une autre sorte de partage, il est présumé que la part de chacun est la moitié.

PRÉSOMPTION ?

Une présomption est une supposition, une opinion fondée sur des indices et non sur des preuves.

Quand la loi dit qu'il y a une présomption, cela veut dire qu'on présume un état de fait. La partie qui conteste cet état de fait doit faire la preuve du contraire de la présomption. Sinon, la présomption s'applique.

Le fait de ne pas faire mention de la somme de 50 000 $ reçue par Danielle en héritage risque d'être interprété comme une libéralité (c'est-à-dire un gros cadeau !) lors d'une éventuelle rupture. Danielle risque donc de perdre ses 50 000 $ ainsi que la plus-value de cette somme.

Le contrat ne prévoit pas non plus que Raymond remboursera Danielle pour les versements d'hypothèque, les taxes, les assurances, etc. Ici, il y a un danger réel, pour Danielle, de perdre tout son investissement !

Le même article 1015 dit aussi ce qui suit.

⚖️ **Art. 1015**

Chacun des indivisaires a, relativement à sa part, les droits et les obligations d'un propriétaire exclusif. Il peut ainsi l'aliéner ou l'hypothéquer, et ses créanciers peuvent la saisir.

Cela veut dire que chaque propriétaire a des droits et aussi des obligations. Il peut vendre sa part, mais il doit également ment assumer sa part des frais. Qu'arrive-t-il s'il ne le fait pas? S'il ne paye pas l'hypothèque, par exemple? Lorsque l'hypothèque est au nom des deux conjoints et qu'un des deux ne paye pas sa part, la banque réclame tout simplement la totalité du montant dû à l'autre conjoint. En effet, la banque ne réclame pas la moitié du versement à chacun des copropriétaires, mais la totalité à l'un d'entre eux. Le même principe s'applique pour les taxes municipales, scolaires et les assurances.

La prudence est également de mise avec les marges de crédit hypothécaires. Cette nouveauté dans le monde bancaire permet aux propriétaires d'avoir accès à une marge de crédit équivalente à l'équité de la maison (soit la valeur restant après paiement de l'hypothèque). Cette marge de crédit est en fait une hypothèque, mais contrairement à une hypothèque traditionnelle, elle peut être utilisée pour d'autres achats qu'une maison. Rien n'empêche un copropriétaire de l'utiliser pour payer une voiture, un voyage ou des rénovations. Lorsque la résidence est vendue, la banque se rembourse le montant total de cette marge, peu importe à quoi elle a servi. Cela signifie que votre conjoint peut, par exemple, acheter une voiture qu'il mettra à son nom seulement en endettant un bien (la maison) qui est à vos deux noms.

Jeanne et Sylvain cohabitent depuis trois ans. Ils décident d'acheter une maison ensemble. Sylvain a plusieurs dettes, qu'il a contractées avant de rencontrer Jeanne. Les parents *de Jeanne veulent aider leur fille unique à acheter une maison d'une valeur de 200 000 $. Ils donnent à Jeanne un montant de 75 000 $ et signent une entente avec elle et Sylvain. Cette entente prévoit qu'en cas de séparation du couple, cette somme de 75 000 $ revient à Jeanne. Tout le monde se sent protégé. Le couple a donc besoin d'une hypothèque de 125 000 $ pour faire l'achat de la maison, somme qui complète le montant de 75 000 $ reçu des parents de Jeanne. La banque leur offre une marge de crédit hypothécaire de 175 000 $, soit 50 000 $ de plus que ce qu'ils ont besoin pour faire la transaction. Le couple accepte cette offre et utilise 125 000 $ de la marge pour l'hypothèque, ayant ainsi à leur disposition une somme de 50 000 $ dans la marge de crédit. Sylvain trouve difficile de payer ses nombreuses dettes et convainc Jeanne d'utiliser la marge de crédit pour payer ses propres dettes de consommation à un meilleur taux d'intérêt. De plus, il veut changer son véhicule et n'obtient pas de crédit pour le faire, car il est trop endetté. Il utilise donc toute la marge de crédit pour ses dettes personnelles et l'achat d'un véhicule à son nom. La marge grimpe à son maximum, soit 175 000 $.*

Les parents de Jeanne ne savent pas que la somme de 75 000 $ qu'ils ont donnée à Jeanne vient de disparaître en grande partie... En effet, si le couple se sépare et que la maison est vendue à 200 000 $, la banque réclamera paiement de la marge, qui est de 175 000 $. Il ne restera que 25 000 $ des fonds donnés à Jeanne. Pour récupérer la somme de 50 000 $ qui a été avancée à Sylvain, Jeanne sera obligée de le poursuivre après la vente de la maison. De plus, comme la voiture est au nom de Sylvain, elle ne pourra pas la vendre pour rembourser une partie de la dette !

Désolant, n'est-ce pas ? D'autant plus que la voiture de Sylvain est entièrement payée... et à son nom seulement. Jeanne se retrouve donc avec la moitié de la dette du véhicule, mais sans le véhicule qui est à Sylvain, libre de toute dette ! Malheureusement, les situations semblables sont de plus en plus courantes, vu la facilité avec laquelle on obtient ce genre de crédit.

Il faut donc prévoir clairement l'utilisation d'une telle marge de crédit hypothécaire et mettre cette entente par écrit. Il est aussi possible de convenir par écrit que tout bien ou service acheté avec la marge de crédit doit bénéficier au couple, et non seulement à l'un d'eux.

VRAI OU FAUX ?

Mon chum paye la moitié des frais de la maison dont je suis propriétaire. C'est comme s'il payait un loyer, car il doit bien habiter quelque part. Je ne suis pas inquiète : il ne pourra jamais rien me réclamer.

FAUX.

JE NE VEUX PAS PAYER TOUT SEUL !

Que se passera-t-il si votre conjoint, copropriétaire de la maison, cesse de payer l'hypothèque, les taxes ou les assurances ? Votre créancier – que ce soit la banque, la Ville ou la compagnie d'assurances – ne partagera pas votre dette en deux pour vous en réclamer la moitié et poursuivre votre ex-conjoint pour le paiement de sa part. Non. Le créancier exigera le paiement complet de l'un ou de l'autre des conjoints, à sa guise. C'est au conjoint qui a payé la totalité de la note (et non à la banque) de poursuivre l'autre pour se faire rembourser.

Robert et Annick font vie commune depuis plusieurs années. Ils sont copropriétaires d'une maison. Après des années de dispute au sujet des finances du couple, Robert laisse Annick. Elle est criblée de dettes et n'a pas les moyens de payer un loyer et sa part de la résidence. Après le départ d'Annick, Robert dépose la moitié des versements de l'hypothèque dans le compte de banque qui est prévu à cet effet, croyant ainsi avoir acquitté ses obligations. Trente jours plus tard, la banque appelle Robert pour lui dire qu'il est en défaut de paiment. Robert explique qu'il paye sa part et qu'Annick doit payer la sienne. La gérante de la banque apprend à Robert qu'il est responsable de la totalité du paiement et que, si le versement total n'est pas effectué, cela constituera un défaut de paiement qui affectera le dossier de crédit de Robert et entraînera la reprise de possession de la maison par la banque. Robert téléphone à Annick. Elle est catégorique : elle ne peut absolument pas payer sa part. Robert est donc forcé de payer la totalité des frais de la maison, sinon il risque de tout perdre.

Robert a-t-il des recours ? Oui. Il peut demander le partage de la résidence et une ordonnance enjoignant à Annick de payer sa part. Il peut se faire rembourser à même la valeur de la résidence, dans la mesure où il obtient un jugement en ce sens. Mais tout cela prend du temps, de l'argent et... un avocat !

Un contrat de vie commune peut prévoir que la partie qui cesse ses paiements mensuels perd automatiquement ses droits dans l'immeuble. Cela encourage donc chacune des parties à respecter ses obligations.

QUI PART GAGNE ?

Et si un jour l'amour s'éteint ? Lequel des deux doit partir ?

Lorsque vous êtes propriétaire d'un bien, vous avez le droit d'utiliser ce bien comme bon vous semble. Le fait d'être propriétaire vous donne justement ce droit. Dans le cas d'une copropriété, la loi prévoit que chaque copropriétaire a le droit de l'usage de ce bien. Si l'un des deux en a l'usage exclusif, il peut être tenu de compenser l'autre qui n'a plus cet usage.

 **Art. 1016**

Chaque indivisaire peut se servir du bien indivis, à la condition de ne porter atteinte ni à sa destination ni aux droits des autres indivisaires.

Celui qui a l'usage et la jouissance exclusive du bien est redevable d'une indemnité.

Par conséquent, celui qui occupe seul la copropriété peut être tenu de verser à l'autre une indemnité, laquelle sera établie par le tribunal. En effet, à plusieurs reprises, les tribunaux ont dû trancher des litiges concernant l'indemnité demandée par le conjoint qui n'habite plus la maison, pour l'utilisation exclusive de la résidence par l'autre. Autrement dit, celui qui a perdu le droit d'utiliser un bien qu'il possède veut être dédommagé financièrement.

Marie-Eugène et Nicholas font vie commune depuis cinq ans. Ils décident d'acheter ensemble une maison, pour y vivre et aussi y installer leurs bureaux. Marie-Eugène est esthéticienne et Nicholas est courtier immobilier. Ils trouvent une propriété qui leur convient et l'achètent à leurs deux noms.

Deux ans plus tard, le couple se dispute et Marie-Eugène, craignant pour sa sécurité à cause du comportement agressif de Nicholas, appelle la police. Nicholas est expulsé de la résidence. Marie-Eugène entreprend des procédures afin de partager l'immeuble. Entre-temps, elle paye seule toutes les dépenses (hypothèque, assurances, taxes, etc.). Nicholas répond à la poursuite en demandant une indemnité, car Marie-Eugène a l'usage exclusif de la maison, qu'il calcule à 2 500 $ par mois.

La Cour arrive à la conclusion que Marie-Eugène doit à Nicholas une somme de 4 000 $, en tenant compte du fait que Marie-Eugène a assumé seule tous les frais de la résidence depuis que Nicholas est parti.

Toutefois, dans certains autres cas, l'indemnité en question n'a pas été accordée. Les tribunaux ont parfois considéré que les enfants habitaient la maison, ou que la partie qui occupait la maison avait assumé seule tous les frais de la maison, y compris des frais de réparation. Il arrive que le fait de ne rien réclamer immédiatement après la rupture soit interprété comme un acquiescement. On n'est donc jamais certain d'obtenir cette indemnité et les circonstances de chaque cas sont différentes.

Par ailleurs, si votre copropriété produit des revenus (par exemple, un duplex avec un loyer), ceux-ci doivent profiter aux deux copropriétaires, à moins d'entente entre les parties. En outre, les copropriétaires doivent contribuer tous les deux aux frais d'administration et aux autres charges communes et administrer l'immeuble ensemble.

VRAI OU FAUX ?

Je vis en union libre et je paye la moitié des mensualités de l'hypothèque depuis l'achat de la maison. Même si la maison est au nom de ma blonde, j'ai droit à la moitié de la résidence en cas de rupture.

FAUX.

Donc, même si votre conjointe quitte l'immeuble pour se loger ailleurs, elle est quand même responsable de la moitié des frais de l'immeuble (hypothèque, taxes, assurance, réparations, etc.). Le fait qu'elle n'ait pas les capacités financières de payer ne l'exonère pas de ses obligations en tant que copropriétaire.

JE VEUX MA PART!

Pour combien de temps sommes-nous tenus de respecter cette indivision? Sommes-nous condamnés à vivre en copropriété toute notre vie avec un être que nous n'aimons plus? Selon la loi, « *nul ne peut être tenu de rester dans l'indivision* ». À défaut d'entente entre les copropriétaires, il faut s'adresser aux tribunaux pour forcer le partage. Certes, il s'agit d'une procédure déplaisante, angoissante, très coûteuse et qui aurait pu être évitée, encore une fois, par un contrat de vie commune.

Afin de bien illustrer tout cela, voici les histoires de quelques couples vivant en union libre.

Louise et Jacques vivent ensemble dans un logement depuis trois ans. Ils décident de fonder une famille et cherchent une maison. Le couple trouve la maison parfaite et convient de mettre la maison au nom de Jacques, qui payera tous les frais qui y sont reliés : hypothèque, taxes, assurances, etc.

Louise, quant à elle, s'engage à payer les autres dépenses : épicerie, téléphone, électricité, câble. C'est sa façon de contribuer au «loyer». De plus, Louise, qui est habile de ses mains, décape toutes les boiseries de la maison, confectionne les rideaux et crée un jardin qui fait l'envie de tous les voisins. Pour Louise, cette maison est autant la sienne que celle de Jacques...

Erreur! Cette maison n'appartient qu'à Jacques et il peut décider d'en disposer à sa guise, même si le couple a des enfants. En effet, Jacques peut vendre ou hypothéquer cette propriété sans l'accord ni même la connaissance de Louise. Comme elle ne peut pas enregistrer une déclaration de résidence familiale (puisque le couple n'est pas marié), Louise n'a aucun moyen de savoir si Jacques a hypothéqué la maison et elle n'aura pas son mot à dire s'il décide de la vendre.

Comme Jacques paye toutes les dépenses (hypothèques, taxes, assurances), Louise ne peut rien réclamer lors de la rupture. Et pour le décapage... eh bien, elle doit prouver que cela a enrichi Jacques indûment par l'augmentation de la valeur de la maison, ce qui n'est pas facile à faire. En effet, pour prouver l'augmentation de la valeur de la résidence, il faut engager un évaluateur agréé, ce qui coûte autour de 500 $. Il serait donc difficile pour Louise d'exercer un recours judiciaire.

Katherine et Olivier sont de jeunes amoureux. Très économes, ils réussissent à épargner 10 000 $ chacun pour l'achat d'une maison. Les deux noms figurent sur l'acte d'achat. Quelques années plus tard, Olivier gagne une somme de 25 000 $ à la *loterie, avec le seul numéro qu'il joue toutes les semaines ! Il investit le montant au complet dans des rénovations de la maison : cuisine, salle de bains et finition du sous-sol. Cet investissement augmente la valeur de la maison de 25 %.*

En cas de séparation, Olivier peut-il réclamer cette portion ? Oui, mais il doit garder la preuve des achats qu'il a effectués (factures) et aussi des paiements qu'il a faits aux ouvriers qu'il a engagés (menuisiers, entrepreneurs, etc.) afin de prouver la valeur des rénovations.

PLUS-VALUE ?

La plus-value, c'est la croissance de l'investissement. On établit l'augmentation de la valeur entre la date d'achat et la date de vente. Par exemple, si la valeur de la maison a augmenté de 20 %, la plus-value du montant de 25 000 $ investi dans les rénovations serait 5 000 $ (20 % de 25 000 $).

De plus, pour établir la plus-value du montant qu'il a investi, il devra engager un évaluateur agréé. Attention ! Ce n'est pas parce qu'on fait une rénovation dans notre résidence que cela augmente automatiquement sa valeur. Et lorsqu'il y a effectivement une augmentation de la valeur de l'immeuble, elle n'équivaut pas toujours à la totalité du coût des travaux. Par exemple, l'ajout d'une piscine creusée de 25 000 $ n'augmente pas nécessairement la valeur de la maison. Pour l'acheteur qui ne veut pas de piscine, elle n'a aucune valeur ! Il faut donc considérer qu'une réno-vation est souvent faite pour augmenter notre qualité de vie dans la résidence, et non pas toujours pour créer un profit. Si Olivier réussit à prouver la plus-value, il pourra la réclamer à Katherine. Mais s'il ne dispose d'aucun document écrit ou si aucune entente n'a été signée au préalable, Olivier devra entreprendre des procédures pour faire valoir ses arguments, ce qui, évidemment, entraînera des frais...

Johnny est propriétaire d'une entreprise de construction en croissance. Il habite avec Denise depuis cinq ans dans un logement. Leur enfant de trois ans a des problèmes d'adaptation et Denise est enceinte d'un deuxième. Le couple décide d'acheter une maison et, afin de la protéger d'éventuels créanciers de Johnny, la maison est mise au nom de Denise. L'hypothèque est également à son nom. Johnny dépose dans le compte de Denise 20 000 $ d'épargnes pour payer une partie de la maison. Il travaille beaucoup et il est souvent absent. Denise lui demande à plusieurs reprises d'être plus présent, mais rien ne change. Elle s'occupe seule de la maison et des deux enfants, l'aîné exigeant beaucoup d'attention de sa part, en plus d'occuper un poste d'adjointe administrative pour une compagnie d'assurances.

L'inévitable arrive : Denise tombe amoureuse d'un autre homme. Elle est frustrée d'avoir tout fait seule pendant des années. Elle oblige Johnny à quitter la maison, qui, dit-elle, est à elle de toute façon. Johnny lui demande sa part de la maison plus le montant de 20 000 $ qu'il a versé lors de l'achat. Denise lui répond qu'elle n'a aucune intention de lui donner quelque somme que ce soit, et que cette somme de 20 000 $

était un cadeau pour elle. D'ailleurs, elle l'a sans cesse soutenu dans son entreprise, dans laquelle elle n'a aucune part.

Johnny consulte un avocat, qui lui apprend que Denise a effectivement raison. Il lui serait difficile et coûteux d'obtenir la moitié de la maison; en ce qui concerne le montant de 20 000 $, ce serait sa parole contre celle de Denise.

Johnny pourrait certainement avoir un recours pour récupérer sa mise de fonds. Mais pour réclamer 20 000 $, il est fort probable que les frais d'avocat seraient trop élevés pour justifier une poursuite, qui serait d'ailleurs risquée, d'autant plus que Denise risque de répliquer en invoquant qu'elle a contribué en élevant seule les enfants.

Ces histoires montrent bien que la vie à deux, même hors mariage, comporte son lot de risques. Vivre une peine d'amour est déjà assez éprouvant en soi. Nul besoin d'ajouter à cela des déboires juridiques.

PRÉVOIR ET PRÉVENIR...

Rassurez-vous, il est possible d'éviter ce genre de malentendus en prenant quelques précautions. Vous pouvez inclure dans l'acte d'achat de votre maison la part de chacun et les montants avancés par chacun pour la mise de fonds. De plus, votre contrat de vie commune doit prévoir toutes les ententes établies par votre couple concernant votre maison, les fonds utilisés pour son acquisition, le paiement des frais et même la manière de disposer de l'immeuble en cas de décès ou de rupture. Pour rédiger une entente personnalisée, vous pouvez vous inspirer des conseils suivants.

* Indiquez dans l'acte d'achat la provenance des sommes qui ont été utilisées pour la mise de fonds et prévoyez la façon de rembourser ces sommes à chacun lors de la vente de la maison.

* Établissez dans le contrat de vie commune la manière dont le paiement des frais de la maison sera effectué (taxes, assurances, hypothèque, réparations, etc.), que cela soit à parts égales, au pourcentage des revenus des conjoints ou selon la catégorie des dépenses.

* Convenez que, même si les conjoints n'ont pas les mêmes revenus ou n'ont pas contribué de façon égale, la maison sera partagée en parts égales lors de la vente, empêchant ainsi des réclamations futures de part et d'autre.

* Établissez d'avance la façon dont seront payées et remboursées, le cas échéant, les rénovations.

* Prévoyez une clause selon laquelle les conjoints renoncent d'avance à réclamer à l'autre quelque somme que ce soit pour les frais de résidence, travaux, matériaux ou améliorations effectuées par l'un ou l'autre en cas de fin de vie commune.

* Stipulez que celui qui n'est pas propriétaire de la résidence mais qui paye un « loyer » à l'autre

ne pourra pas réclamer une part de la maison;
ou, au contraire, prévoyez qu'en cas de rupture,
il aurait droit à un certain pourcentage de la
maison.

- Mentionnez dans le contrat de vie commune
  qu'en cas de séparation, l'un des deux conjoints
  pourra offrir à l'autre sa part de la maison avant
  la mise en vente.

- Incluez dans le contrat de vie commune les intentions de chacun en cas de décès et, par testament, léguez votre part de l'immeuble à votre
  conjoint.

- Prévoyez un droit d'usage ou un droit d'habi-
  tation pour le conjoint survivant pendant une
  certaine période après le décès de l'autre, afin
  d'éviter que la veuve ou le veuf soit expulsé par
  les héritiers. Ce droit d'usage peut inclure également les meubles de la résidence et la voiture.

- Rédigez une clause selon laquelle le conjoint survivant aura une option d'achat sur la part du
  conjoint décédé, forçant ainsi la succession à
  donner priorité au conjoint survivant.

Les ententes possibles sont donc multiples. L'essentiel est
d'en rédiger une qui sera faite sur mesure pour vous, en
respectant les besoins de *votre* famille. Surtout, mettez cette
entente par écrit, afin de vous protéger non seulement en cas
de rupture, mais aussi en cas de décès de l'un des conjoints.

Bref, créez votre propre régime!

Chapitre 6

Meubles, voitures, prêts, compte
conjoint, fonds de pension…

Ce qui est à toi est-il à moi ?

« On magasine pour des électroménagers ! »
« Mon chum a acheté une nouvelle voiture – j'ai cosigné
le prêt pour l'aider ! »

Il est rare de commencer une vie commune les mains vides.
Habituellement, chacun des partenaires contribue avec
des biens meubles qui lui appartiennent. *J'ai la laveuse-
sécheuse, amène le système de son et l'écran géant.* Souvent, l'un ou l'autre va acheter ce qui manque, ou bien le
couple magasine ensemble.

QUI POSSÈDE QUOI ?

Pour le couple marié, la situation est simple. La loi prévoit
que tous les biens meubles achetés durant le mariage
appartiennent aux deux, peu importe au nom de qui ils

se trouvent ou qui les a payés. En cas de rupture ou de décès, les meubles sont partagés à parts égales, avec le conjoint ou avec la succession.

Hélas, ce n'est pas le cas pour les conjoints de fait. Ce n'est pas parce qu'on partage un lit que ce lit est partageable! Il est important de définir d'avance à qui appartient chaque bien, pour éviter des problèmes de toutes sortes, et ce, même avec des tiers.

VRAI OU FAUX?
J'ai perdu mon emploi et je ne peux plus payer ma part du prêt pour la voiture. La compagnie de crédit oblige ma blonde à en payer la totalité.

VRAI.

Quand on achète une maison (qui est appelée par la loi un bien «immeuble», parce qu'elle ne bouge pas!), un titre est enregistré au Bureau de la publicité[1]: c'est l'acte d'achat, et il porte le nom du propriétaire. La même chose s'applique lors de l'achat d'une voiture. Il n'y a donc pas de doute sur l'identité du propriétaire de ces biens. Par contre, lorsqu'on achète une laveuse, par exemple, il n'y a pas de titre de propriété; il n'y a qu'une facture portant le nom de l'acheteur.

---

1. Le Bureau de la publicité était anciennement connu sous le nom de Bureau d'enregistrement. C'est l'endroit où l'on enregistre toutes les transactions reliées à des immeubles.

Léandre et Simone s'aiment. Léandre emménage chez Simone. Le couple est passionné de ventes de garage et leur maison est ornée de plusieurs belles trouvailles qu'ils ont découvertes ensemble. Il est entendu que chacun possède en propre ce qu'il a payé. C'est simple et clair et chacun peut facilement retrouver ses trésors respectifs. Soudainement, Simone décède dans un accident de la route. Léandre est démoli. Il apprend avec horreur que Simone avait rédigé un testament avant le début de leur vie commune et qu'elle ne l'a jamais modifié. Elle y lègue tous ses meubles à sa sœur cadette, sœur qui, par ailleurs, a été l'ancienne blonde de Léandre... Léandre n'a aucune preuve que c'est lui qui a payé certains meubles ni certains objets achetés dans les ventes-débarras. La sœur de Simone insiste pour tout récupérer...

Quelle peine pour Léandre ! Voilà pourquoi il vaut mieux prévenir que guérir. Afin d'éviter tout malentendu, il est préférable de faire un inventaire au début de la vie commune, indiquant les biens que chacun apporte au ménage. Avec la technologie d'aujourd'hui, de simples photos numériques, imprimées et signées, peuvent suffire pour déterminer ce qui appartient à chacun. En cas de rupture ou de décès, il sera ainsi possible d'identifier facilement le propriétaire de chaque bien meuble. Pour les biens achetés durant la vie commune, il est sage de garder les factures ou de prévoir tout simplement, dans le contrat de vie commune, un partage égal de tous les biens. Une carte de crédit commune peut aussi être une façon simple de gérer l'achat de biens appartenant aux deux conjoints.

La loi exige une preuve de propriété; or la meilleure preuve devant les tribunaux, c'est la facture d'achat. Mais en réalité, il est préférable d'avoir un contrat qui prévoit comment disposer des biens meubles. Le partage des biens, même en cas de décès, sera beaucoup plus simple ainsi, et certainement moins dispendieux qu'un recours juridique!

LE COMPTE CONJOINT

Plusieurs couples décident d'ouvrir un compte conjoint pour partager les dépenses de la vie commune. Dans certains cas, chacun y transfère régulièrement un montant de son compte personnel. Dans d'autres, les deux y déposent directement leur salaire et l'utilisent pour tout payer.

À qui appartient ce compte? Évidemment, il appartient aux deux. Mais, en cas de rupture ou de décès, comment en partager le contenu? Doit-on calculer ce que chaque partie y a déposé? Non. La loi considère les comptes de banque conjoints comme des biens indivis. Par conséquent, sauf indication contraire, tout ce qui est dans le compte est partageable à parts égales.

Marc et Roxanne se quittent. Leur compte conjoint est assorti d'une marge de crédit de 20 000 $, dont la moitié est disponible. Marc veut fermer le compte ou, à tout le moins, limiter l'accès à la marge de crédit, mais pour ce faire, la banque a besoin de la signature des deux détenteurs du compte.

Roxanne doit emménager dans un nouveau logement et, comme elle vient de perdre son emploi, elle retire 10 000 $ de la marge de crédit à l'insu de Marc. Lorsqu'il l'apprend, Marc est furieux et réclame le retour immédiat des fonds, mais Roxane refuse en lui disant qu'il lui doit cette somme pour les travaux d'aménagement paysager faits chez lui mais qu'elle a payés elle-même.

Marc doit donc payer la marge de crédit jusqu'à ce qu'il arrive à une entente avec Roxanne... ou qu'il obtienne, eh oui, un jugement. Si le couple avait convenu d'avance par écrit de la façon d'utiliser la marge de crédit du compte conjoint, ce problème aurait pu être évité...

Le même principe s'applique pour une marge de crédit attachée au compte conjoint. Habituellement, on exige la signature des deux parties pour fermer le compte conjoint ou limiter l'accès à la marge de crédit afférente. Il faut donc convenir par écrit de l'utilisation de la marge de crédit; évidemment, un contrat de vie commune est tout indiqué pour prévoir cela.

LES REÉR, FONDS DE PENSION, RENTES DE LA RRQ... QUELLE RETRAITE VOUS PRÉPAREZ-VOUS?

Pour les conjoints vivant en union libre, la loi ne prévoit aucun partage obligatoire des fonds de pension, REÉR ou gains auprès de la Régie des rentes en cas de rupture ou de décès, contrairement aux gens mariés.

Cependant, rien ne vous empêche de prévoir un tel partage d'un commun accord. Notez bien que les mots clés sont «commun accord». Rien ne peut obliger un conjoint de fait à partager ces biens, à moins qu'il ait signé un contrat de vie commune qui prévoit ce partage. Ce contrat peut même prévoir un dédommagement en cas de non-respect des ententes. Par ailleurs, il est important de vérifier auprès de chaque employeur le genre de régime de retraite offert par l'entreprise. Certains régimes exigent une vie commune de trois ans pour que le conjoint puisse en bénéficier, d'autres d'un an seulement, et d'autres ne prévoient aucun partage pour les conjoints de fait.

En ce qui a trait aux REÉR, il faut savoir qu'il est possible pour un conjoint d'acheter des REÉR au nom de l'autre conjoint, tout en bénéficiant lui-même de la déduction fiscale.

Maryse est médecin. Elle désire réduire ses impôts. Jean-Guy est ingénieur et gagne moins que Maryse. Il n'a pas contribué à ses REÉR jusqu'au maximum permis: il pourrait encore en acheter pour 35 000 $, mais il n'a pas les moyens financiers pour le faire. Maryse décide donc d'acheter des REÉR au nom de Jean-Guy. Les REÉR appartiennent à ce dernier, mais c'est Maryse qui bénéficie de la déduction fiscale de 35 000 $.

Tout le monde est gagnant, n'est-ce pas? Oui... à moins d'une rupture ou d'un décès. Car si rien n'a été prévu dans un contrat, Jean-Guy garde ses REÉR et n'a absolument aucune obligation de les remettre à Maryse ou de les partager avec elle. En effet, si les gens mariés sont forcés de partager leurs REÉR en cas de rupture, ce n'est pas le cas pour les couples vivant en union libre.

Dans notre exemple, un contrat de vie commune pourrait prévoir le remboursement du REÉR de Jean-Guy à Maryse ou même le partage des REÉR des parties par ce qu'on appelle un « roulement », soit un transfert d'un compte de REÉR à un autre. Dans ce cas, le REÉR est gardé intact, sans encaissement; aucune déduction pour impôt ne sera faite.

Pour la Régie des rentes, il est possible de partager les gains de rentes dans la mesure où le couple a vécu maritalement pendant trois ans, ou pendant un an s'ils sont parents d'un enfant. La demande de partage doit être faite conjointement ou, s'il y a une convention (ou un contrat), par l'un ou par l'autre de façon individuelle. Cette demande doit être faite au plus tard quatre ans après la cessation de vie commune. Mais encore une fois, sans contrat, les deux parties doivent être consentantes, sans quoi on ne peut pas forcer l'autre à partager ses bénéfices.

SI J'ARRÊTE DE PAYER ?

Qu'en est-il des prêts ? Comment se partage cette responsabilité financière ? De la même façon qu'une hypothèque.

Lorsqu'un contrat de prêt est signé par les deux conjoints et que les deux s'engagent à le rembourser, cela constitue ce qu'on appelle une obligation conjointe et **solidaire** prévue à l'article 1523 du *Code civil.*

 **Art. 1523**

L'obligation est solidaire entre les débiteurs lorsqu'ils sont obligés à une même chose envers le créancier, de manière que chacun puisse être séparément contraint pour la totalité de l'obligation, et que l'exécution par un seul libère les autres envers le créancier.

Cet article signifie que le créancier, en cas de non-paiement, peut réclamer ce qui lui est dû aux deux signataires du prêt, ou à l'un d'entre eux, et ce, à son choix. Par conséquent, si l'un des conjoints est insolvable, le créancier (par exemple la banque ou la compagnie de location du véhicule) peut tout simplement réclamer la **totalité** de la dette au conjoint de son choix, généralement le conjoint qui est solvable, c'est-à-dire celui qui a un revenu ou des biens. Ce conjoint sera tenu de payer la dette en entier, et ce sera ensuite à lui de réclamer la part de son conjoint en engageant des procédures judiciaires contre lui.

Et la faillite? Si vous avez cosigné des prêts avec un conjoint qui fait faillite, ce dernier sera libéré de son endettement, mais les créanciers vous réclameront la totalité de la dette. Avant de signer des contrats de prêt, il est donc important de vous assurer (dans la mesure du possible...) que votre conjoint est solvable.

POURQUOI MOI ? POURQUOI PAS LUI ?

Le créancier peut choisir de poursuivre les deux ou l'un ou l'autre des débiteurs. S'il choisit de réclamer le montant dû à un seul des conjoints, celui-ci ne pourra pas répliquer qu'il ne doit que la moitié de la dette. Par contre, il pourra obliger son conjoint à participer au procès, le cas échéant.

Cela signifie que lorsqu'un jugement est rendu, condamnant des débiteurs à payer «conjointement et solidairement» une dette, le créancier peut décider d'exécuter le jugement (ce qui signifie saisir des biens pour se faire payer) contre le débiteur de son choix, généralement le débiteur le plus solvable (c'est-à-dire le plus riche !).

LE FISC... DANS LES POCHES DE TOUS, MARIÉ OU PAS

Si le *Code civil* ne tient pas compte des conjoints de fait, ce n'est pas le cas des autorités fiscales ! Les gouvernements, celui du Canada et celui du Québec, ont le bras très long et s'assurent de traiter tout le monde de la même façon, se servant autant dans les poches des gens mariés que dans celles de ceux qui ne le sont pas. Les revenus des deux conjoints sont considérés ensemble comme un revenu familial. Selon les règles fiscales, dès que deux personnes vivent ensemble dans une relation conjugale pendant douze mois, voire moins si elles ont un enfant, ces personnes deviennent des conjoints de fait et sont traitées comme les gens mariés pour les impôts.

VRAI OU FAUX?

Comme je ne suis pas mariée, mon conjoint n'a pas à connaître mon revenu.

FAUX. Il est obligatoire de dévoiler le revenu de notre conjoint dans notre rapport d'impôt.

On tient également compte des deux revenus pour fixer les paiements d'aide à la famille, ainsi que pour les remboursements de la taxe sur les produits et services (TPS) et de la taxe de vente du Québec (TVQ).

ET LES SOMMES DUES ENTRE CONJOINTS?

Il arrive souvent, dans une relation de couple, que les partenaires partagent leurs avoirs sans compter. Par contre, certains divisent les dépenses à parts égales, sans égard à leurs revenus, et d'autres en proportion des revenus. D'autres encore décident de répartir les catégories de dépenses (un des conjoints paye le chauffage, l'autre le téléphone, le câble et la connexion Internet). Il arrive également que l'un soutienne financièrement l'autre dans son travail ou son commerce, ou l'aide à payer ses études.

Tout cela fait partie des ententes entre les conjoints. Mais lorsque survient une rupture et que cette rupture diminue le train de vie de l'un des deux conjoints, le terrain est très fertile pour des réclamations. Les couples mariés sont protégés par l'article 396 du *Code civil* (*Les époux contribuent aux charges du mariage à proportion de leurs facultés respectives*), ce qui empêche une comptabilité de fin de vie commune impliquant le calcul de tout ce que chacun a apporté au mariage. Ce n'est pas le cas des conjoints de fait. En fin de vie commune, le conjoint qui se sent floué a donc tendance à réclamer à l'autre ce qu'il croit être son dû.

— *Tu me dois la moitié du voyage au Mexique.*

— *Mais non, c'était un cadeau !*

— *Jamais. Je n'ai pas les moyens de te payer un tel cadeau. Tu m'as dit que tu allais me rembourser. Je veux mon argent.*

— *D'accord. Je te donnerai 38 % du coût du voyage, car tu gagnes plus que moi.*

— *Non ! Tu dois m'en donner la moitié !*

— *Alors, je vais déduire le cours d'espagnol que je t'ai payé !*

— *Mais non, c'était un cadeau !*

Enfantin, n'est-ce pas ? Mais réel. Et l'exemple donné représente des sommes d'argent moindres que lorsque le débat porte sur une maison...

Lise et Frédéric font vie commune et ont deux enfants. Frédéric gagne beaucoup plus que Lise et achète une maison, qu'il met uniquement à son nom. Les parties conviennent que Lise paye l'épicerie, le téléphone, la gardienne, les vêtements et les activités des enfants. De son côté, Frédéric assume l'hypothèque, les taxes, les assurances, l'électricité et l'entretien de la maison et du terrain. Frédéric réussit à rembourser 8 000 $ en capital par année sur l'hypothèque et, après cinq ans, la maison est entièrement payée. Le couple se laisse après 11 ans de vie commune. Lise se retrouve avec un actif de 3 000 $ et Frédéric un actif de 215 000 $. Devant cette iniquité, Lise poursuit Frédéric et réclame 100 000 $.

La Cour, après deux journées d'audition, accorde à Lise la somme de 30 000 $. En effet, le juge a conclu que Lise a payé la moitié des dépenses de la famille avec un revenu moindre que Frédéric, mais surtout que les dépenses assumées par chacun ne généraient pas les mêmes bénéfices. En effet, si Frédéric a réussi à payer sa maison en cinq ans, ses revenus contribuant ainsi à accroître son patrimoine, c'est grâce à Lise, qui payait les autres dépenses de la famille.

Voici un autre cas.

Un couple fait vie commune pendant plus de 20 ans. Jean-Marie participe à l'éducation des deux enfants de sa conjointe, Agnès, comme si ces enfants étaient les siens. La famille déménage et achète une maison, laquelle est entièrement rénovée à deux reprises. Le couple achète également un chalet pour la famille. Jean-Marie et Agnès investissent aussi à la Bourse. Ils utilisent des marges de crédit et les profits de leurs investissements pour acheter d'autres actions. Tous les investissements se font aux deux noms et Jean-Marie tient Agnès au courant de tout. Le couple réussit à rembourser une partie importante des hypothèques grâce aux profits de la Bourse.

Il fallait s'y attendre : à un moment donné, Jean-Marie prend une décision qui provoque une perte importante à la Bourse. Ce n'est rien pour mettre la demeure en péril, mais Agnès le prend mal. Elle perd confiance en Jean-Marie et leur vie de couple se termine. De leurs investissements, il ne reste plus rien, sauf deux marges de crédit cosignées par Agnès.

Jean-Marie veut utiliser le revenu de la vente des deux résidences pour payer les dettes, soit les deux marges de crédit et les hypothèques, puis partager à parts égales le résidu. Agnès refuse et entreprend une poursuite : elle réclame la totalité des biens du couple et accuse Jean-Marie de l'avoir «fraudée». Elle exige une comptabilité minutieuse pour chaque transaction effectuée dans les nombreux comptes de banque et comptes d'investissement.

Les procédures durent cinq ans (période pendant laquelle les intérêts sur les prêts continuent de courir) et le procès s'étale sur dix jours... Le résultat ? La Cour ordonne la vente des deux immeubles et le partage des deux marges de crédit... Ce processus n'aurait pas eu lieu si le couple était marié, car la loi prévoit alors que le couple partage ce qui reste à la fin de leur régime matrimonial, peu importe qui a payé quoi.

Soumettre un différend à la justice est un droit fondamental. Le système judiciaire est une composante essentielle de toute société démocratique, qui doit en garantir l'accès à tous ses citoyens afin qu'ils puissent obtenir «justice». Mais rendre la justice accessible à tous est un défi de taille pour notre société moderne. Qui dit système judiciaire dit administration, et qui dit administration dit délais, attentes et... coûts.

Avant de vous rendre devant un juge pour exposer vos demandes, vous devez préparer des procédures écrites expliquant en détail la réclamation que vous voulez faire. Cette réclamation doit être soutenue par la preuve – des documents, des pièces, des témoignages. Le *Code de procédure civile* contient les règles indiquant comment préparer cette demande et constitue un guide pour se rendre jusqu'au procès. Mais d'abord, plusieurs étapes préliminaires doivent être franchies. La partie adverse doit répondre à votre demande et peut aussi faire des réclamations. Une fois que le dossier est complété en conformité avec les règles, il faut attendre que la date de procès soit fixée. Il n'est pas rare que des gens doivent patienter pendant deux ans avant que leur cause soit entendue devant les tribunaux. Et même lorsque la date est enfin fixée, il arrive qu'elle soit repoussée pour différentes raisons: un avocat malade, l'arrivée d'un nouveau document, un témoin qui manque à l'appel, le manque de juges disponibles, etc.

Si vous croyez que le litige entre vous et votre conjoint se règlera facilement devant le juge, détrompez-vous. Certains misent tout sur ce procès et en attendent le résultat pour enfin tourner la page sur la relation et aller de l'avant. Cela constitue une approche risquée, car lorsque votre vie est suspendue en attente d'un résultat provenant d'un tiers, le risque d'être déçu est grand. Tentez de continuer votre vie, d'accomplir vos tâches quotidiennes, d'aller de l'avant et laissez à votre procureur le soin d'obtenir le meilleur résultat pour vous, et si possible une entente négociée.

Je constate souvent l'angoisse des gens qui font appel au système judiciaire. Pour moi, aller à la Cour fait partie de mon travail, mais pour le commun des mortels, un litige est une source constante de stress, d'incertitude et de crainte. Sans compter que le résultat n'est jamais garanti. En effet, il y a des causes qui se perdent et d'autres qui finissent en queue de poisson. Il ne faut pas oublier que celui qui prend la décision est un être humain, avec tout ce que cela comporte de subjectivité. De plus, une partie insatisfaite peut porter la cause en appel!

Le mieux, bien sûr, est d'éviter les procédures judiciaires dans la mesure du possible, car le prix – en argent, en émotions et en énergie – en est souvent très élevé.

PRÉVOIR ET PRÉVENIR...

Comment éviter les réclamations entre les conjoints ? Un contrat de vie commune est susceptible de fermer la porte aux poursuites, car il peut prévoir qu'aucun des conjoints ne sera en droit de réclamer à l'autre des sommes pour des biens payés ou des services rendus durant la vie commune; chacun y reconnaît que sa contribution est faite volontairement et sans attente de quelque compensation que ce soit.

On peut prévoir plusieurs ententes dans un contrat de vie commune. En voici quelques exemples.

- Le couple assume les charges de la famille à parts égales, en proportion des revenus de chacun ou selon la catégorie des biens (l'un paye l'électricité, le câble, la connexion Internet et le téléphone, l'autre paye la voiture et l'essence, par exemple).

- Celui qui ne paye pas les frais reliés à un bien perd ses droits dans ce bien.

- Les dettes du couple lors de la vie commune et lors de la rupture sont payées à parts égales ou en proportion du revenu de chacun.

- Si un seul conjoint assume le paiement du prêt pour un bien, ce dernier sera quand même partageable à parts égales en cas de rupture ou de décès.

- Tous les meubles acquis durant la vie commune seront partagés à parts égales (ou en proportion des revenus de chacun, selon le cas) et selon leur valeur à l'achat.

- Un seul des conjoints est responsable de l'achat de tous les meubles, l'autre est responsable de l'achat et de l'entretien des voitures, mais tous les biens se partagent à parts égales en cas de rupture ou de décès.

- Toute somme d'argent due à l'autre par l'un des conjoints est automatiquement annulée en cas de décès ou de rupture, sauf si une entente particulière a été signée à ce sujet.

- Le compte conjoint (tout comme la marge de crédit) est partageable en proportion des revenus de chacun, ou des dépôts que chacun y a faits, ou à parts égales.

- Le couple partagera tous ses biens selon les règles du patrimoine familial ou de la société d'acquêts.

- Chaque conjoint est responsable de ses propres dettes.

- La marge de crédit hypothécaire ne peut pas être utilisée pour l'achat d'un bien qui ne sert pas au couple ou à la famille.

Cette entente évitera des surprises désagréables aussi bien pendant la vie commune qu'à l'occasion d'une rupture, d'un décès ou de l'inaptitude d'un des conjoints.

Chapitre 7

Et nos enfants?

« Je suis enceinte ! »
« On en attend un deuxième ! »
« La famille s'agrandit… encore ! »

Le fait d'être marié ou de vivre en union libre ne diminue en rien la joie provoquée par l'arrivée d'un nouveau poupon. Nous sommes tous égaux devant nos enfants; notre statut civil ne modifie pas nos obligations envers eux, qu'elles soient morales ou légales.

Il est intéressant de lire une inquiétude exprimée en 1966 par un grand juriste québécois, Me Jean-Louis Baudoin (maintenant juge à notre Cour d'appel), basée sur l'augmentation alarmante du nombre d'enfants nés hors mariage :

> *L'augmentation sensible des naissances hors mariage dans la province de Québec et les bouleversements que semble connaître actuellement*

*la cellule familiale québécoise dans sa structure
traditionnelle amènent le juriste à reconsidérer
avec attention le problème de la situation juridique de l'enfant naturel[1].*

À quel taux d'augmentation fait-il référence ? Le nombre de
naissances hors mariage était passé de 3 % en 1951 à 3,8 %
en 1962 ! Aujourd'hui, cette proportion se situe autour
de 65 % !

Mais pourquoi Me Baudoin s'inquiétait-il de cette statistique ? Les enfants nés de personnes non mariées sont-ils
traités différemment à cause de l'état civil de leurs parents ?
Heureusement, aujourd'hui, la réponse est non. Les enfants
ne souffrent plus de discrimination à cause de l'état matrimonial de leurs parents. Malgré cela, il arrive que de jeunes
couples non mariés décident de faire le grand saut lorsqu'ils
veulent avoir des enfants. D'où vient ce désir ? Peut-être
d'un réflexe historique visant à éviter la « honte » d'avoir
des enfants illégitimes. Car il faut bien le dire : au Québec,
notre passé n'est pas très reluisant dans ce domaine.

En effet, dans le *Code civil du Bas-Canada* de 1866, les
enfants se trouvaient divisés en deux catégories : les enfants
légitimes, nés de parents mariés, et les enfants *illégitimes*, nés
hors mariage. Les illégitimes étaient, à leur tour, classés
dans des sous-catégories : les enfants naturels, adultérins

---

1. Jean-Louis Baudoin, « Examen critique de la situation juridique
   de l'enfant naturel », *McGill Law Journal*, vol. 12, 1966, p. 174.

ou incestueux. Ceux des conjoints de fait (qu'on appelait à l'époque des « concubins ») tombaient dans la catégorie des enfants illégitimes et n'avaient pas les mêmes droits que les enfants légitimes. Par exemple, les enfants illégitimes ne pouvaient pas hériter de leurs parents et ne méritaient, selon la loi, qu'un soutien restreint. Les parents avaient l'obligation de les nourrir, mais pas de les éduquer ni de voir à leur bien-être !

Afin de décourager la prolifération des familles dites « naturelles » et dans le but de sanctionner leur attitude, qui contrevenait aux bonnes mœurs de l'époque, les enfants de ces unions libres étaient stigmatisés ; on considérait socialement que ces familles « naturelles » menaçaient les familles dites « légitimes ».

Heureusement, nous avons pris conscience que cette attitude ne faisait que punir les enfants, victimes innocentes du comportement considéré « disgracieux » de leurs parents. L'État québécois a donc éliminé cette catégorisation des enfants.

QUAND EST-CE QU'ON MANGE ?

Depuis 1981, le Québec reconnaît l'égalité entre les enfants, qu'ils soient nés hors union ou à l'intérieur du mariage. Tous les parents, mariés ou non, ont les mêmes obligations envers leurs enfants. Cela est prévu dans le *Code civil du Québec*.

⚖ **Art. 599**

Les père et mère ont à l'égard de leur enfant le droit et le devoir de garde, de surveillance et d'éducation. Ils doivent nourrir et entretenir leur enfant.

L'obligation alimentaire est prévue par la loi, ce qui fait en sorte qu'en cas de séparation d'un couple avec enfants, chaque parent doit verser une pension alimentaire à l'autre, et ce, en proportion de ses revenus et du temps qu'il passe avec les enfants. Le calcul se fait selon des tables établies par le gouvernement.

LA PENSION ALIMENTAIRE POUR LES ENFANTS

Comment se calcule la pension alimentaire ? Depuis 1997, la pension alimentaire est calculée selon des tables de fixation qui sont émises chaque année par le gouvernement du Québec.

Le gouvernement établit la contribution alimentaire de base selon les revenus des parents et le nombre d'enfants. Ensuite, chaque parent doit assumer sa part de cette contribution de base en proportion de ses revenus.

Joséanne et Simon ont deux enfants et ils sont maintenant séparés. Ensemble, ils gagnent 78 000 $ par année. De cette somme, le gouvernement déduit 10 100 $ par parent pour ses propres besoins de base. Le revenu disponible des parents est donc 57 800 $. La loi prévoit que la contribution de base (soit *le coût des enfants) d'une famille gagnant 78 000 $ par année et ayant deux enfants est de 11 010 $ par année. Joséanne gagne 30 000 $ et Simon gagne 48 000 $. De manière à ce que la contribution de chacun soit proportionnelle à son revenu, Joséanne doit verser 35 % de ce montant (soit 3 790 $) et Simon 65 % (soit 7 219 $) pour les enfants. Si Joséanne a la garde totale des enfants, Simon devra donc lui verser la somme de 7 219 $ par année. Par contre, si le couple exerce une garde partagée, alors un autre calcul est à faire et la somme à être versée par Simon serait de 1 714 $.*

Les mêmes règles s'appliquent à tous les couples avec enfants, qu'ils soient mariés ou pas. Les mêmes critères servent à l'évaluation, les mêmes besoins sont considérés et les sommes à payer sont exactement les mêmes, sans égard au statut civil des parents.

Et la garde de vos enfants ? Ici aussi, les mêmes principes s'appliquent pour établir le temps de garde de chaque parent, que le couple soit marié ou non. Le temps de garde est établi pour le meilleur intérêt de l'enfant, selon l'article 33 du *Code civil*.

 Art. 33

Les décisions concernant l'enfant doivent être prises dans son intérêt et dans le respect de ses droits.

Sont pris en considération, outre les besoins moraux, intellectuels, affectifs et physiques de l'enfant, son âge, sa santé, son caractère, son milieu familial et les autres aspects de sa situation.

C'est cet article qui doit guider toutes les décisions prises par nos tribunaux au sujet des enfants.

Y A-T-IL UN PÈRE DANS LA SALLE ?

Il existe une présomption légale selon laquelle tout enfant né durant le mariage a comme père l'époux de sa mère. L'enfant a donc légalement comme père le mari de sa mère lorsque le couple est marié, que cet homme soit son père biologique ou non.

Avec l'arrivée des tests infaillibles réalisés sur la base de l'ADN, la paternité d'un homme envers un enfant s'établit très rapidement. Un simple échantillon de salive du père et de l'enfant et le tour est joué. Toutefois, malgré les progrès de la science, les tribunaux sont davantage intéressés par la vérité juridique, qui ne correspond malheureusement pas toujours à la vérité biologique !

Il ne faut pas perdre de vue que le système judiciaire prend plusieurs années avant de refléter la réalité sociale d'une collectivité. Un bel exemple : des conjoints gais ont été ensemble pendant très longtemps avant que leur droit au mariage ne soit reconnu. Ainsi, la reconnaissance par le système judiciaire qu'une femme puisse avoir des enfants de pères différents même en étant mariée n'est pas encore une réalité facilement acceptée.

Pour l'instant, nos tribunaux protègent farouchement cette présomption de paternité. En effet, même si on prouve que le père de l'enfant n'est pas le mari de la mère, et même si le père biologique veut être reconnu comme père, il n'est pas possible de changer le père de l'enfant, sauf dans des conditions très précises. Cela signifie que le nom du vrai père (soit le père biologique) ne figurera pas sur l'acte de naissance de l'enfant; on inscrira plutôt celui du mari de la mère. C'est une règle qui s'applique encore au nom de ce qui, jadis, était considéré comme une stabilité sociale. Bien sûr, cette règle ne reflète plus la réalité d'aujourd'hui. Malheureusement, au nom de cette stabilité, on sacrifie le droit de l'enfant de savoir qui est son vrai père.

Toutefois, cette présomption de paternité n'existe pas pour les enfants nés de conjoints de fait, même si le couple co-habite depuis longtemps. Il faut donc que chaque parent signe le formulaire pour l'acte de naissance à l'hôpital, car c'est l'acte de naissance qui reflète la filiation de l'enfant. La mère ne peut pas signer pour le père lorsque le couple n'est pas marié. Et si le père est absent lors de l'accouchement? La loi prévoit qu'une déclaration volontaire est possible. Si l'homme sait qu'il est le père de l'enfant qui vient de naître (sans pourtant être marié à la mère), il peut faire une déclaration au Directeur de l'état civil pour demander que son nom soit inscrit sur l'acte de naissance.

La mère, quant à elle, peut prendre des recours pour faire reconnaître le papa hésitant...

CET ENFANT QUI N'EST PAS LE MIEN...

Mais qu'advient-il de l'enfant qui n'est pas du couple, mais d'une relation antérieure de l'un des deux conjoints? Cet enfant a vécu avec un adulte qui a agi comme parent pour lui. En cas de rupture, ce «parent» a-t-il des droits à l'égard de l'enfant? Peut-il demander de maintenir contact avec ce jeune auquel il s'est attaché? Et l'enfant, peut-il demander de maintenir ce lien privilégié?

C'EST QUI, UN TIERS?

En ce qui concerne la garde des enfants, un tiers est une personne qui n'a aucun lien juridique avec l'enfant. Attention! Un lien juridique ne veut pas toujours dire un lien biologique. Si la mère adoptive a un lien juridique avec son enfant, la mère biologique qui a donné son enfant en adoption n'a pas de lien juridique avec lui et elle est considérée comme un «tiers» aux yeux de la loi.

La *Loi sur le divorce*[2] (qui s'applique seulement aux gens mariés) prévoit qu'un tiers peut faire une demande de garde d'enfant, sur permission du tribunal. Mais à ce sujet, rien n'est prévu dans le *Code civil* pour les conjoints de fait.

---

2. Art. 16 (1).

Cela ne veut pas dire pour autant qu'il interdit de faire une demande devant les tribunaux. Notre Cour suprême a déjà décidé qu'un tiers pouvait obtenir la garde d'un enfant ou des droits d'accès[3]. Quels critères sont pris en compte pour rendre une telle décision? C'est avant tout la notion du **meilleur intérêt de l'enfant** (article 33 du *Code civil*) qui doit guider le tribunal dans toute décision concernant un enfant.

LE MEILLEUR INTÉRÊT DE L'ENFANT?

La notion du meilleur intérêt de l'enfant est la base même de toutes les décisions prises par les tribunaux. Évidemment, il s'agit d'une notion qui laisse beaucoup de place à l'interprétation.

Il vous est possible de demander des droits d'accès à l'enfant de votre ex-conjoint, mais il est certain que ces droits seront limités dans le temps. On considère qu'un enfant qui doit partager son temps entre deux parents séparés, plus un «ex», risque de vivre une certaine instabilité. Toutefois, la Cour doit prendre en considération ce qui est dans l'intérêt de cet enfant; elle pourrait donc permettre des droits d'accès et même, dans certains cas, une garde partagée.

Le même principe s'applique à une fratrie. Les enfants d'une nouvelle union tissent des liens avec les enfants d'une première union – relation importante qu'il faut encourager.

---

3. *C. (G.) c. V.-F. (T.)* [1987] 2 R.C.S. 244.

Les tribunaux interviennent pour protéger le contact en s'assurant que les droits d'accès des parents sont aménagés pour permettre une relation valable entre les demi-sœurs et demi-frères.

Marie-Soleil et Lucas exercent la garde partagée de Xavier, leur fils de quatre ans. Lucas a refait sa vie avec une nouvelle conjointe, Dominique, et il a un enfant avec elle. Lucas est militaire et part en Yougoslavie sans aviser Marie-Soleil. Dominique exerce la garde de Xavier durant son absence et Xavier maintient ainsi contact avec son demi-frère âgé d'un an. Ce n'est que par hasard que Marie-Soleil apprend que Lucas n'était pas au pays lorsque Xavier allait chez son père.

Marie-Soleil s'adresse aux tribunaux afin d'obtenir la garde unique de son fils. La Cour décide effectivement que la mère de Xavier doit avoir la garde de son fils durant l'absence du père. Toutefois, afin de maintenir le contact entre les demi-frères, la Cour accorde à Dominique un accès à Xavier un après-midi par semaine.

Cependant, ce n'est pas toujours si simple. Voici un autre exemple :

Jacques et Marie vivent en union libre. Ils ont deux enfants. Marie a eu une liaison avec Roland, un ami du couple, et elle doute de la paternité de son deuxième enfant, Lisa. Roland désire que sa paternité soit reconnue s'il est bien le père de Lisa et sa collaboration est de toute manière nécessaire pour effectuer le test d'ADN. Le test confirme que Lisa est en effet l'enfant de Roland. Mais le temps a passé et il est devenu impossible de contester la paternité de Jacques, dont le nom figure sur l'acte de naissance et que tout le monde considère comme le père de Lisa.

Marie se sent coupable de la situation et permet à Roland de voir Lisa en cachette pendant deux ans. Elle finit par tout avouer à Jacques. Pris de panique, le couple et les deux enfants déménagent sans laisser de trace. Avec l'aide d'un détective privé, Roland les retrouve. Il demande de voir sa fille et entreprend des procédures. Il perd devant la Cour supérieure et porte la cause en appel.

Finalement, la Cour d'appel lui niera le droit de voir son enfant. Lisa, maintenant âgée de cinq ans, n'a aucun lien avec cet homme, selon la Cour, puisqu'elle ne l'a pas vu depuis trois ans. Le père biologique (dont le nom n'est pas inscrit sur l'acte de naissance et qui ne le sera jamais) devait démontrer qu'il était dans l'intérêt de l'enfant de lui accorder des droits d'accès, ce qu'il n'a pas réussi à faire. Le seul désir de voir l'enfant ne suffit pas. Un tiers peut demander des droits d'accès à un enfant mineur, mais il doit prouver qu'il y va de l'intérêt de l'enfant d'avoir ce contact. Malheureusement, l'intérêt de l'enfant ne correspond pas toujours au désir de l'adulte.

Est-ce juste ? À chacun de juger. Chose certaine, Lisa ne connaîtra pas son père biologique.

Par contre, certains jugements ont reconnu l'importance de maintenir le contact entre l'enfant et celui qui a joué un rôle parental. Voici un autre exemple.

Après avoir fait vie commune, Colette et William se séparent. Colette est enceinte de William, mais il ne le sait pas. Colette fréquente ensuite Marc, qui sera présent depuis la naissance de Stéphanie jusqu'à son cinquième anniversaire. Survient alors une rupture avec Marc et Colette reprend la vie commune avec William. Un autre enfant naît de leur union.

Marc, qui a agi comme père pour Stéphanie pendant cinq ans (elle l'appelait d'ailleurs « Papa »), insiste pour la voir. Le couple reconstitué (Colette et William) refuse. Marc entreprend des procédures.

Selon la juge, Marc a joué un rôle significatif dans la vie de Stéphanie. Cependant, elle tient également compte du fait que la fillette est maintenant au sein de sa famille biologique (père et mère) et elle accorde à Marc des droits d'accès comme « ami », une fois par mois, pendant quatre heures, avec un repas.

MAMIE ET PAPI !

Les grands-parents ont le droit de voir leurs petits-enfants, même s'ils ne s'entendent pas bien avec leur enfant ou leur bru ou gendre. Voici ce que dit le *Code civil* à ce sujet.

611. Les père et mère ne peuvent sans motifs graves faire obstacle aux relations personnelles de l'enfant avec ses grands-parents.

À défaut d'accord entre les parties, les modalités de ces relations sont réglées par le tribunal.

Et l'enfant ? A-t-il le droit de maintenir des liens avec une personne significative dans sa vie ? Oui. Les droits des enfants sont consacrés dans notre *Charte des droits et libertés.*

 Art. 39

Tout enfant a droit à la protection, à la sécurité et à l'attention que ses parents ou les personnes qui en tiennent lieu peuvent lui donner.

La Cour d'appel a récemment confirmé que l'enfant a des droits, y compris le droit à l'éducation et à la garde par une personne qui tient lieu de parent. Il est donc possible non seulement pour le tiers, mais aussi pour **l'enfant**, de demander à maintenir contact avec un tiers qui a agi comme parent.

DES DROITS... MAIS AUSSI DES OBLIGATIONS !

Le tiers peut en effet réclamer des droits, mais avec les droits viennent également des obligations. Est-ce qu'un conjoint de fait peut être tenu de subvenir aux besoins d'un enfant qui n'est pas le sien ? Jusqu'à tout récemment, la réponse était clairement « non ». Mais les tribunaux, en faisant une interprétation de la loi et en constatant le nombre grandissant d'enfants vivant en famille recomposée[4], peuvent maintenant ouvrir la porte à des réclamations qui jadis étaient impensables.

METTRE DE L'ORDRE... PUBLIC

On dit qu'un article de loi est d'ordre public lorsqu'on ne peut pas y échapper, même par entente. Les tribunaux ont une obligation de surveillance et doivent s'assurer que l'ordre public est respecté.

Par exemple, je ne peux pas renoncer à une pension alimentaire pour mon enfant sans obtenir l'approbation de la Cour, qui peut imposer le paiement d'une pension alimentaire même si je ne veux pas en recevoir une.

Le même principe s'applique pour la garde d'un enfant. Voilà pourquoi on ne peut pas déterminer nous-mêmes qui aura la garde de notre enfant en cas de décès mais on peut le suggérer dans notre testament.

C'est le cas de la contribution d'un parent qui agit à titre d'*in loco parentis*. Cette expression latine désigne un conjoint agissant en tant que parent pour un enfant qui n'est pas le sien. À certaines conditions, le parent gardien de l'enfant peut demander à son époux (qui n'est pas le parent biologique) de subvenir aux besoins de l'enfant comme s'il

---

4. De 1995 à 2001, il y a eu une augmentation de 17 % du nombre de familles recomposées.

était le parent biologique. Ce droit n'existe que pour les gens mariés et il est prévu dans la *Loi sur le divorce.*

Toutefois, en 2007, la Cour d'appel a souligné que ce recours d'*in loco parentis* était également possible entre des conjoints de fait. Donc, il serait maintenant envisageable, à certaines conditions, de réclamer une pension alimentaire à un conjoint ou une conjointe pour un enfant qui n'est pas le sien. Ce recours est nouveau et il est trop tôt pour en tracer les lignes d'application, mais la porte est désormais grande ouverte.

DES ENFANTS ÉGAUX DEVANT LA LOI... OU PRESQUE

Le temps de l'appellation «enfant illégitime» est révolu – heureusement ! Tous les petits Québécois ont les mêmes droits. Mais il y a, comme toujours, quelques exceptions...

– En cas de séparation

Lorsqu'un couple divorce, l'un des époux peut demander d'exclure l'autre de la résidence familiale et en obtenir ainsi l'usage exclusif jusqu'au jugement final (qui peut se faire attendre plusieurs mois). Cette disposition est prévue par l'article 500 du *Code civil.*

Art. 500

Le tribunal peut ordonner à l'un des époux de quitter la résidence familiale pendant l'instance.

Il peut aussi autoriser l'un d'eux à conserver provisoirement des biens meubles qui jusque-là servaient à l'usage commun.

Cet article s'applique seulement aux gens mariés, et non aux conjoints de fait. Rien dans la loi ne permet à un conjoint vivant en union libre de demander à la Cour d'ordonner à l'autre de quitter la résidence.

Par ailleurs, la loi prévoit que lorsque les parents divorcent, celui qui a la garde de l'enfant peut demander, selon certains critères, le droit d'habiter la résidence familiale à long terme, et ce, même si l'autre parent a droit à la moitié de la valeur de la résidence. En effet, en 1989, en même temps qu'on créait le patrimoine familial, on a décidé de protéger les enfants contre la perte de leur résidence lors d'un divorce.

Art. 410

En cas de séparation de corps, de dissolution ou de nullité du mariage, le tribunal peut attribuer, à l'un des époux ou au survivant, la propriété ou l'usage de meubles de son conjoint, qui servent à l'usage du ménage.

Il peut également attribuer à l'époux auquel il accorde la garde d'un enfant un droit d'usage de la résidence familiale.

Cette demande peut être faite même si la maison n'est pas au nom du parent qui a la garde. Hélas, cette protection n'est pas offerte aux enfants dont les parents ne sont pas mariés. La raison en est simple : la notion de résidence familiale n'existe pas pour les conjoints de fait.

Voici quelques exemples.

Jean-Marc et Christiane habitent ensemble en union libre depuis sept ans. Ils ont deux enfants, Chloé et Samuel, âgés de sept et neuf ans. Les enfants sont très impliqués dans la vie sportive de leur quartier. La maison où la famille habite est au nom de Jean-Marc, qui est comptable agréé. Christiane, qui travaille comme traductrice à la pige de la maison, décide de mettre fin à sa relation avec Jean-Marc, mais elle désire qu'il quitte la maison afin qu'elle puisse continuer à y vivre avec les enfants et ainsi leur permettre de poursuivre leurs activités dans le quartier. Christiane n'a pas les moyens de payer un logement ou une maison dans ce quartier vu ses faibles revenus.

Jean-Marc n'accepte pas la rupture et ne veut pas garder la maison avec un seul revenu familial. Il décide donc de la mettre en vente immédiatement et avise Christiane de trouver un logement pour elle et les enfants, car son horaire de travail ne lui permet pas de s'occuper d'eux.

Malheureusement, Christiane n'a aucun recours légal. Les enfants, encore moins. En effet, le couple n'étant pas marié,

Christiane ne peut pas bénéficier de l'article 410 du *Code civil*. Elle n'a aucun droit sur la maison, puisqu'elle ne lui appartient pas, ni aucun recours pour y rester. La seule option qu'elle a est de déménager avec les enfants et de demander une pension alimentaire pour eux. Le train de vie des enfants risque d'être modifié.

Diane et René sont copropriétaires d'une résidence. Ils ont deux enfants, âgés de 15 et 17 ans. Diane combat l'alcoolisme depuis plusieurs années et fait une rechute. Elle devient violente et toute la famille en est perturbée. René lui demande de partir. Même sobre, elle refuse, et promet qu'elle arrêtera de boire. René insiste, mais Diane affirme qu'elle est chez elle.

René consulte un procureur pour voir s'il peut forcer Diane à partir, et ce, dans le but de l'inciter à suivre un traitement de désintoxication. Il ne veut pas déménager, car les enfants sont déjà perturbés par la maladie de leur mère. Il a aussi un espoir qu'une fois traitée, Diane pourra revenir vivre dans cette maison. A-t-il un recours ?

Non. Diane est copropriétaire de l'immeuble au même titre que lui. Elle a autant que lui droit à la jouissance et à l'usage des lieux, même si elle perturbe les enfants. Le seul recours qu'il détient est de demander une intervention policière la prochaine fois qu'elle devient violente. Une ordonnance de nature criminelle pourrait empêcher Diane de retourner à la résidence en attendant son procès.

Dans certains cas particuliers, les tribunaux ont permis à un conjoint non marié et aux enfants d'avoir l'usage exclusif de la résidence, mais pour de courtes périodes et dans des circonstances plutôt exceptionnelles. En général, l'usage exclusif de la résidence n'est pas un droit des conjoints de fait.

Cet aspect de la vie commune est important à considérer lorsque vous décidez d'avoir des enfants.

– En cas de décès

Ce n'est pas seulement la rupture du couple qui peut engendrer des difficultés juridiques et forcer le déménagement des enfants. Le décès de l'un des conjoints peut également entraîner des conséquences fâcheuses lorsque le couple n'a pas signé un contrat de vie commune.

Geneviève et Pierre-Paul sont très heureux. Ils sont ensemble depuis 10 ans et élèvent dans la joie les enfants que Geneviève a eus d'une union antérieure, qui sont aujourd'hui âgés de 12 et 14 ans. Toute la famille habite dans la résidence dont Pierre-Paul est propriétaire. Le couple partage tous ses revenus et dépenses, sans compter. L'hypothèque de la maison est presque payée et la famille envisage d'acheter un chalet, le rêve d'une vie. Tragiquement, Pierre-Paul meurt d'une crise cardiaque. Comme il n'avait pas de testament, les enfants qu'il a eus d'une union antérieure, âgés de 20 et 25 ans, héritent de sa résidence. Ils exigent le départ immédiat de

Geneviève et des enfants, afin de pouvoir vendre rapidement et encaisser leur héritage.

Est-ce juste ? Non. Les enfants ne devraient jamais être victimes du statut civil de leurs parents. Mais au Québec, et jusqu'à nouvel ordre, l'État a choisi de respecter la liberté de choix des couples quant à leur statut civil. Il lui est donc impossible de respecter cette liberté dans certains domaines tout en imposant des choix dans d'autres. En ce qui concerne la résidence familiale, il revient donc aux couples, et non à l'État, de faire le nécessaire afin de protéger leurs propres enfants.

PRÉVOIR ET PRÉVENIR...

En tant que parent – ou même futur parent –, on peut certainement prévoir bien des choses dans un contrat de vie commune. En voici quelques exemples.

- Advenant une éventuelle rupture, la maison ne sera pas vendue avant que le cadet des enfants n'ait atteint l'âge de 12 ans.

- La résidence ne sera pas vendue avant un an après une éventuelle rupture, afin de donner le temps à la famille de s'adapter à la nouvelle réalité familiale.

- La résidence sera partagée par les parents jusqu'à sa vente, ce qui permettra aux enfants d'y rester.

- Le couple veut privilégier tel ou tel genre d'éducation pour les enfants (privée, alternative, sportive, religieuse, etc.).

- Le couple s'engage à aller en médiation avant d'entreprendre quelque recours judiciaire que ce soit concernant la garde des enfants ou la pension alimentaire.

- Les conjoints s'engagent à respecter le principe du maintien des relations entre chaque conjoint et les enfants de l'autre.

- Les conjoints acceptent le principe du soutien financier pour l'enfant de l'autre.

Eh oui, un contrat de vie commune peut contenir plusieurs clauses qui reflètent les valeurs qui sont importantes pour vous, pour votre couple et pour votre famille. Il est possible de presque tout prévoir dans ce document[5] : vous et votre partenaire en êtes les auteurs, c'est votre « charte de vie commune ».

---

5. Cependant, la garde des enfants et la pension alimentaire pour les enfants ne peuvent pas être prévues d'avance. Pourquoi? Parce qu'il s'agit de notions d'ordre public (voir encadré p. 120). De plus, la situation de l'enfant et du couple peut changer entre la signature du contrat et la rupture ou le décès.

Chapitre 8

La pension alimentaire…
pour adultes seulement

«Je divorce. Il faut que mon ex paie une pension alimentaire.»

«Elle est capable de travailler. Pourquoi dois-je payer?»

«Je vis avec lui depuis 15 ans; il faut qu'il me paye une pension alimentaire.»

Nous avons tous entendu des histoires compliquées au sujet de la pension alimentaire pour adultes: la femme qui ne reçoit plus rien, son époux ayant arrêté de travailler, ou l'homme qui paye trop et pour trop longtemps. Qui n'a pas entendu une femme se plaindre que la pension qu'on lui verse n'est pas assez élevée, alors que son «ex» mène un «gros train de vie»? Et que dire de l'homme qui se plaint que son ex-épouse ne travaille pas et fait vivre son chum avec la pension alimentaire qu'il lui verse?

DES ALIMENTS ? IL FAUT QUE JE LUI DONNE À MANGER ?

On appelle les «aliments» les besoins de base d'une personne : logement, nourriture, vêtements, transport, etc. La pension alimentaire pour époux est fixée selon plusieurs critères : les besoins de la personne qui la demande, la capacité de payer de l'autre, l'actif et le passif de chacun, la durée du mariage, le train de vie du couple, le rôle de chacun dans le mariage, etc.

Il est d'abord important de comprendre ce qu'est la pension alimentaire et pour quoi elle peut être demandée. Il faut aussi prendre conscience que de plus en plus d'hommes peuvent également en devenir bénéficiaires, car aujourd'hui, 25 % des Canadiennes gagnent plus que leur époux. En outre, de plus en plus d'hommes acceptent de participer activement aux tâches domestiques, voire de rester à la maison pour s'occuper des enfants. L'égalité des sexes existe-t-elle vraiment ? Peut-être pas, mais les rôles de l'homme et de la femme ont certainement changé depuis le mouvement féministe des années 1970 !

PAYABLE EN PLUSIEURS VERSEMENTS ÉGAUX

Ce n'est pas parce que vous divorcez que vous avez droit automatiquement à une pension alimentaire. Et ce n'est pas parce que votre épouse travaille qu'elle ne peut pas vous en réclamer une.

D'où vient cette notion de pension alimentaire? Elle vient de l'article 392 du *Code civil*, qui porte sur l'obligation de secours et assistance entre époux. Lorsque les époux ne sont plus ensemble, la *Loi sur le divorce* prévoit qu'un époux peut demander à la Cour de rendre une ordonnance intimant à l'autre de lui verser une prestation (de l'argent) que le juge estime raisonnable, pour les aliments.

Il n'existe pas de tables de calcul ni de guide établi pour fixer la pension alimentaire des époux. Chaque cas est unique et tous les critères sont scrutés à la loupe par le juge.

Afin d'aider les tribunaux, la *Loi sur le divorce* indique les objectifs qui sont recherchés lorsqu'on ordonne le paiement d'une pension alimentaire: prendre en compte les avantages ou inconvénients économiques de chaque partie, répartir les conséquences économiques qui découlent du soin des enfants à charge, remédier à toute difficulté économique et favoriser, dans la mesure du possible, l'indépendance financière de chacun des époux dans un délai raisonnable.

Ouf! Plutôt aride tout cela, n'est pas? Voici, en clair, ce que cela peut signifier.

1. Prendre en compte les avantages ou inconvénients économiques qui découlent pour les ex-époux du mariage ou de son échec.

(Je perds le train de vie que j'avais : chalet, voyages, accès à une voiture, etc.)

2. Répartir les conséquences économiques qui découlent du soin des enfants à charge, en plus de toute obligation alimentaire relative aux enfants à charge.

   (Mon fonds de pension n'est pas assez garni, car je suis restée à la maison cinq ans avec les bébés.)

3. Remédier à toute difficulté économique que l'échec du mariage pourrait causer aux époux.

   (Je n'aurai pas les moyens de me payer une maison dans le même quartier.)

4. Favoriser, dans la mesure du possible, l'indépendance financière de chacune des parties dans un délai raisonnable.

   (Je dois retourner aux études afin de finir mon diplôme d'ici deux ans pour ne plus avoir besoin de recevoir une pension alimentaire.)

Lorsqu'une personne mariée demande une pension alimentaire, la Cour évalue plusieurs aspects de la vie du couple : la durée du mariage, l'âge des parties, leur formation, le rôle que chacun a joué dans le mariage, les actifs, les dettes, le nombre d'enfants et leurs besoins, etc. Le tribunal considère aussi l'effet de la rupture : est-ce que le divorce cause une perte de train de vie ? Si oui, il est possible de demander le maintien de ce train de vie.

Est-ce que madame a perdu la chance de progresser professionnellement parce qu'elle est restée à la maison avec les enfants ? Si oui, elle peut être compensée pour cela. Est-ce qu'un seul parent subvient aux besoins des enfants ? Si oui, le tribunal considère les besoins des enfants avant de prendre en compte les besoins du parent qui demande la pension.

Voilà ce qui en est pour les gens mariés. Mais les conjoints de fait peuvent-ils demander une pension alimentaire en cas de séparation ?

LIBRE DE TOUTE OBLIGATION ALIMENTAIRE

À moins d'avoir un contrat de vie commune, **il est impossible au Québec pour des conjoints de fait de demander une pension alimentaire.**

VRAI OU FAUX ?
Un contrat de vie commune peut prévoir le paiement d'une pension alimentaire.

VRAI

En effet, l'obligation de secours et d'assistance prévue à l'article 392 du *Code civil* du Québec s'applique **seulement** pour les gens unis par le mariage. D'ailleurs, c'est souvent la raison invoquée par les gens qui ne veulent pas se marier : le mariage implique une obligation alimentaire qui n'existe pas entre conjoints de fait. Lorsque la première union d'un homme s'est soldée par un divorce coûteux, assorti du paiement d'une pension alimentaire, il est moins porté à officialiser par un mariage la relation avec sa deuxième conjointe. Par ailleurs, les femmes gagnent de nos jours des revenus de plus en plus élevés et, parfois, elles gagnent même plus que leur conjoint. Certaines ne désirent pas se voir soumises à une obligation qui revenait jadis aux hommes!

LA SOCIÉTÉ DISTINCTE

Toutes les provinces canadiennes ont une législation qui prévoit le paiement d'une pension alimentaire en cas de séparation même lorsque le couple n'est pas marié, sauf le Québec. Pourquoi? Parce que l'Assemblée nationale, qui propose et adopte nos lois, a toujours voulu éviter d'imposer un régime pour les conjoints de fait, et ce, afin de leur laisser la liberté de choix. En effet, les gens qui ne se marient pas choisissent de ne pas se soumettre à un cadre légal qui prévoit, entre autres, le paiement d'une pension alimentaire. Certains diront que les femmes et les enfants sont ainsi privés de leurs droits et condamnés à la pauvreté, et qu'il n'y a pas de vrai «choix» lorsqu'un des deux conjoints seulement refuse de se marier. D'autres diront qu'imposer un régime prévoyant le paiement d'une pension alimentaire est une attitude paternaliste envers les femmes, qui sont bien capables de faire leurs propres choix, et un manque de respect envers tous les adultes. Quoi qu'il en soit, et jusqu'à nouvel ordre, les conjoints de fait au Québec n'ont aucune obligation alimentaire entre eux.

VRAI OU FAUX ?

Je vis avec mon conjoint depuis 10 ans. Si on se sépare, j'ai droit à une pension alimentaire pour moi-même.

FAUX.

Donc, si une mère non mariée reste à la maison pour élever ses enfants et met sa carrière en veilleuse, elle n'a absolument aucun recours alimentaire pour elle-même en cas de rupture. En effet, elle n'a aucun droit de demander autre chose que la pension alimentaire pour les enfants, et ce, en proportion de son temps de garde.

De la même façon, si un homme qui a toujours été le pourvoyeur de la famille tombe malade et ne peut plus travailler, il ne peut pas demander une pension alimentaire à sa conjointe qui vient de le quitter.

Est-ce toujours juste ? À vous de décider...

 Droit de la famille 2760, Juge Jean Crépeau.

Rien ne s'opposerait donc à ce que des parties, ex-conjoints de fait, s'engagent l'un envers l'autre à se verser une pension alimentaire après leur séparation.

Suzanne et Lorraine forment un couple depuis plusieurs années. Suzanne est ingénieure dans une grosse compagnie d'aviation. Lorraine est avocate spécialisée en droit du travail. Elles décident d'avoir des enfants et Lorraine se fait inséminer artificiellement par un donneur de sperme. Elles sont tellement heureuses du premier bébé qu'un second naît deux ans plus tard. Le couple décide que Lorraine restera à la maison après la naissance du deuxième bébé, les revenus de Suzanne étant suffisants pour suffire aux besoins de la famille. Dix ans plus tard, elles ont deux beaux enfants âgés de 8 et 10 ans. Hélas, le couple bat de l'aile et Suzanne et Lorraine décident de se séparer.

Lorraine, qui ne travaille pas depuis dix ans, se trouve dans une situation très difficile. En effet, elle n'a pas de revenus et doit se réinscrire au Barreau pour pouvoir retourner sur le marché du travail. Ses connaissances en droit du travail sont un peu lointaines, et elle a beaucoup de difficultés à se trouver un emploi. Par ailleurs, elle n'a presque pas d'actifs, alors que Suzanne a continué de cumuler son fonds de pension et a monté en grade dans l'entreprise qui l'emploie.

Si dès la séparation, Suzanne décide de couper tous les ponts financiers, Lorraine peut-elle demander une pension alimentaire pour subvenir à ses besoins, ne serait-ce que temporairement? Y a-t-il un mécanisme par lequel elle peut être indemnisée pour les années qu'elle a passées à la maison avec les enfants?

Comme le couple n'est pas marié, Lorraine ne peut faire aucune demande de pension alimentaire pour elle-même auprès de sa conjointe, puisque aucune obligation alimentaire n'existe entre elles. Si le couple était marié, Lorraine aurait pu demander une pension alimentaire pour l'aider à se remettre sur pieds en attendant son retour sur le marché du travail. Si les parties avaient signé un contrat de vie commune, Lorraine aurait été protégée en cas de rupture.

Lorraine peut-elle réclamer une compensation financière pour être restée à la maison et s'être occupée des enfants? Oui. Mais il sera difficile de prouver qu'elle a fait plus que Suzanne, qui répliquera qu'elle a payé toutes les dépenses de la famille, y compris la maison, les repas et les vêtements. Par conséquent, les chances pour Lorraine de regagner le «temps perdu» sont très minces et le processus judiciaire très coûteux et pénible.

ET LE FISC?

La pension alimentaire payable pour une épouse ou un époux est déductible d'impôt pour le payeur et imposable pour la personne qui la reçoit.

Dans un contrat de vie commune, il est possible de prévoir la même chose.

Cependant, une somme globale n'est ni déductible ni imposable.

Rémy est un homme d'affaires qui a très bien réussi dans la vie. Il gère une compagnie d'investissements immobiliers qui l'amène à voyager partout dans le monde. Il est divorcé et, à l'âge de 50 ans, en cherchant une nouvelle résidence somptueuse, il rencontre Ginette, une agente d'immeubles de 48 ans. Ils tombent amoureux et après un an, le couple décide de vivre ensemble dans la nouvelle demeure de Rémy. Ni l'un ni l'autre ne croit aux liens du mariage. Ginette vend son appartement en copropriété et emménage chez lui. Rémy paye toutes les dépenses de la maison, et Ginette paye l'épicerie et ses dépenses personnelles.

Ginette tire avantage de la belle vie que lui offre Rémy : sorties au restaurant, voyages, bijoux, etc. Mais Rémy trouve que Ginette est restreinte par son travail et ne peut pas l'accompagner lors de ses nombreux voyages d'affaires, durant lesquels les sorties avec les clients s'imposent. Ginette est un atout professionnel pour Rémy et il lui demande d'arrêter de travailler pour l'accompagner. Ginette hésite : elle adore son métier, mais il est vrai·qu'elle voudrait aussi accompagner Rémy...

Rémy réussit à la convaincre en lui offrant un salaire de «consultante». Ginette accepte et quitte l'agence où elle a travaillé pendant les quinze dernières années. Elle voyage avec Rémy et partage tous les aspects de sa vie. Son revenu de consultante sert à payer l'épicerie et ses besoins personnels. Ginette ne réussit pas à mettre de l'argent dans son compte d'épargne, mais elle ne s'inquiète pas, car elle a l'intention de continuer sa vie avec Rémy.

Mais Rémy, à l'âge de 60 ans, rencontre une belle et jeune Asiatique de qui il tombe follement amoureux... Il décide de laisser Ginette. Celle-ci, alors âgée de 58 ans, est dévastée. Elle ne peut pas croire que sa vie prend une tournure semblable. Elle consulte rapidement un avocat pour apprendre qu'elle n'a pas de droits et qu'elle ne peut faire que très peu de réclamations. Rémy met fin à ses services comme consultante en respectant le préavis requis par la loi et voilà que Ginette doit maintenant se loger ailleurs et se trouver un emploi... pas facile, à son âge!

Et si le couple avait été marié? Ginette aurait pu très facilement demander une pension alimentaire, le partage de certains biens acquis durant le mariage et aussi un montant d'argent pour au moins s'assurer d'avoir un toit et un certain revenu jusqu'à ce qu'elle se trouve un emploi. Le couple aurait aussi pu prévoir une compensation pour Ginette dans un contrat de vie commune.

PAYABLE EN UN SEUL VERSEMENT OU EN 36 VERSEMENTS ÉGAUX?

La pension alimentaire peut être payée de façon périodique – soit une fois par semaine ou par mois.

Il est aussi possible de la payer en un seul versement – ce qu'on appelle une somme forfaitaire ou somme globale, ou une combinaison des deux.

PRÉVOIR ET PRÉVENIR...

Le contrat de vie commune peut prévoir qu'en cas de rupture, un conjoint payera à l'autre une pension alimentaire, soit de façon périodique (par versements mensuels) soit par une somme globale payable en une seule fois. Voici des exemples de clauses qui pourraient être incluses dans le contrat.

• Le paiement d'une pension alimentaire versée à l'un des conjoints sera établie selon les besoins et les moyens du couple (cette pension sera imposable et déductible, même entre conjoints de fait).

• Le parent resté à la maison avec les enfants sera compensé par un certain montant pour chaque année de vie commune, par exemple, ou par un montant préétabli.

• Le parent resté à la maison aura droit à une pension alimentaire mensuelle d'un certain montant pour une certaine période.

• L'un des conjoints garantit à l'autre l'usage ou la propriété d'une résidence d'une certaine valeur.

• La partie qui a quitté son emploi pour suivre l'autre sera compensée pour sa perte de revenus ou d'ancienneté, le cas échéant.

• Les conjoints s'engagent à subvenir aux besoins de l'autre en cas de maladie.

- Les conjoints s'engagent à maintenir des polices d'assurance vie au bénéfice de l'autre.

- La succession payera une pension alimentaire au conjoint survivant pendant une période d'un an suivant le décès.

Chapitre 9

La vie après le couple :
les réclamations possibles

« On se laisse. Il me doit de l'argent. »

« Elle m'a quitté. Elle ne veut plus payer l'hypothèque. »

« Jacques est décédé. Ses parents me poursuivent en justice. »

Qu'est-ce qu'une mésentente ? Une mauvaise entente ! Lorsqu'elle survient, la porte est grande ouverte aux réclamations judiciaires. Lorsque l'amour a disparu, le désir de se sacrifier pour l'autre peut rapidement devenir de l'amertume face au constat de certaines pertes matérielles ou financières. Un bel exemple de cela est le conflit qui surgit entre conjoints de fait autour du paiement d'une certaine somme d'argent pour les frais de la maison.

— *Quand prévois-tu me donner ma part de la maison ?*

— *Quoi ?! De quoi tu parles ? La maison est à moi, elle est à mon nom !*

— *Oui, mais je paye la moitié de l'hypothèque depuis plus de cinq ans.*

— *Non, ce n'est pas l'hypothèque que tu payes, c'est un loyer qui te donne le droit de rester ici – voyons! Tu aurais à en payer un pour rester n'importe où!*

— *Oui, mais mon argent t'as permis d'accumuler un capital en remboursant l'hypothèque!*

— *Quoi? Non, ce n'était pas ça, notre entente....*

Voilà un terrain très fertile pour des poursuites. Pourquoi? Parce que le couple n'a pas signé de contrat. Il aurait été possible de prévoir une clause par laquelle le conjoint qui paye un «loyer» renonce à toute réclamation contre l'autre pour l'immeuble ou, au contraire, de prévoir que le conjoint qui paye la moitié de l'hypothèque aurait le droit de réclamer un pourcentage de la valeur nette de la maison en cas de rupture, par exemple.

Ce genre de conversation n'arrive généralement pas aux gens mariés, car la loi prévoit clairement qu'on ne calcule pas ce que chacun a payé, et que de toute manière, il y a partage à la fin du mariage.

La rupture n'est pas seule à ouvrir la porte à des réclamations et des recours entre conjoints de fait. Le décès est également une situation à risque. Bien sûr, rien n'empêche le survivant de poursuivre la succession de son conjoint défunt pour réclamer son dû. La succession peut également prendre des recours contre la partie qui habite toujours la résidence, par exemple, ou qui doit de l'argent au conjoint décédé.

Alors, quelles sortes de réclamations peuvent être faites entre des conjoints ayant vécu en union libre?

VRAI OU FAUX ?

Je n'ai pas de revenu. Je peux poursuivre mon ex avec un avocat de l'aide juridique pour réclamer une certaine somme d'argent.

FAUX.

LA SOCIÉTÉ TACITE...

Un des recours possibles est la demande de partage de la **société tacite**. Le conjoint lésé demande le partage de tous les biens acquis durant la vie commune, y compris ceux qui sont au nom de son conjoint uniquement. Toutefois, pour obtenir gain de cause, il faut prouver qu'une société tacite existait au sein du couple. Cela veut dire que le couple exploitait ensemble une «société», même si celle-ci n'était pas enregistrée comme telle, et même si le commerce ou l'entreprise était seulement au nom de l'un d'entre eux.

Voici une histoire véridique.

Le couple composé de madame Beaudoin-Daigneault et de monsieur Richard vivait en union libre. Chacun travaillait et ils décidèrent d'acheter ensemble une ferme à Martinville. Les deux signèrent l'offre d'achat, mais l'acte d'achat fut uniquement signé par monsieur Richard. Les parties emménagèrent dans la ferme et tous les deux y travaillèrent, contribuant autant par leur travail, temps et énergie que par le remboursement de l'hypothèque, le paiement de certaines rénovations, etc. Après sept ans de vie commune, monsieur Richard mit fin à la relation. Comme la ferme était à son nom et que le couple n'était pas marié, il considérait que la ferme lui appartenait. Madame Beaudouin-Daigneault n'était pas du même avis et elle entreprit un recours pour faire déclarer par le tribunal que les parties avaient formé une société tacite, et que par conséquent, il devait y avoir partage égal de cette société, y compris, évidemment, de la ferme.

La Cour supérieure a donné raison à madame Beaudouin-Daigneault. Monsieur Richard, mécontent du jugement, a porté la cause en appel, et la Cour d'appel du Québec a renversé le jugement de la Cour supérieure. Madame Beaudouin-Daigneault s'est rendue à la Cour suprême qui, en 1984, lui a accordé la moitié de la ferme. Ce faisant, cette Cour énonçait les conditions requises pour l'existence d'une société tacite.

Pour établir que deux personnes sont en société tacite, trois conditions sont exigées.

- Un apport (en argent, en biens ou en services) qui dépasse la contribution normale aux dépenses de la vie conjugale.

- Le partage des bénéfices et des pertes depuis le début de la société.

- L'intention de fonder une société dans le but de partager les pertes et les profits.

Le simple fait de vivre ensemble ne signifie donc pas que le couple forme une société. Acheter une maison ne suffit pas pour qu'il existe une société tacite. Il faut qu'il y ait plus que cela : une aventure commune, telle qu'un commerce, une entreprise ou un projet.

Dans les faits, ce recours n'est pas toujours possible. Par contre, lorsqu'il y a bien société tacite, il a l'avantage de faire en sorte que le partage du bien (ou des biens) se fait à parts égales, quel que soit le nom qui figure sur l'acte d'achat.

LE DON DE SOI...
OU L'ART D'ENRICHIR L'AUTRE À SON DÉTRIMENT

Un autre recours souvent utilisé entre conjoints de fait est celui que prévoit l'article 1493 du *Code civil* : **l'enrichissement sans cause** ou **l'enrichissement injustifié.**

 **Art. 1493**

Celui qui s'enrichit aux dépens d'autrui doit, jusqu'à concurrence de son enrichissement, indemniser ce dernier de son appauvrissement corrélatif s'il n'existe aucune justification à l'enrichissement ou à l'appauvrissement.

Cet article a été adopté en 1994. Vous croyez que c'est un principe moderne? Mais non! C'est l'expression d'une vieille maxime latine: *Jure naturae aequum est nemimen cum alterius detrimento et injuria fieri locupletiorem.* Traduction? Par loi naturelle, il n'est pas juste qu'une personne s'enrichisse par les souffrances d'une autre.

 Les cahiers de la Chambre des notaires, mars 1985.

Pendant toute la durée de la vie commune, les concubins, à l'instar des couples mariés, ont vécu dans la complète confiance mutuelle. Ni l'un ni l'autre ne se préoccupait vraiment de la nature ou de la quotité des dépenses qu'il assumait. Lorsque la personne défavorisée constate l'ampleur des dégâts, il est trop tard: elle n'a pas de bien à son actif et ne peut justifier de propriété sur aucun de ceux qui appartiennent à l'autre partenaire. Elle s'adresse alors aux tribunaux pour sauver les meubles au sens propre comme au sens figuré.

Cela signifie qu'un conjoint peut réclamer une indemnité s'il s'est appauvri à cause de sa contribution à l'autre. Cette contribution peut être en argent (paiement de biens), en temps et travail (par exemple, pour l'entreprise du conjoint, l'amélioration d'une propriété, la prestation de services professionnels), et même en services domestiques, lorsque ceux-ci sont assumés en majorité par un des deux conjoints.

Néanmoins, il faut répondre à quatre conditions pour être à même de prouver un enrichissement sans cause :

- un enrichissement;
- un appauvrissement;
- une corrélation (ou lien) entre les deux;
- une absence de justification (aucune raison juridique ne justifie l'enrichissement).

Pour illustrer cette notion d'enrichissement sans cause, voici l'histoire de madame Peter et de monsieur Beblow, qui se sont rendus jusqu'à la Cour suprême du Canada pour trancher leur litige.

Monsieur Beblow demande à madame Peter de résider avec lui. Madame Peter a quatre enfants d'une précédente union. Monsieur Beblow a deux enfants, qui habitent avec lui. Voilà donc un couple et six enfants qui partagent le même toit. Le couple vit ensemble pour une période de 12 ans.

Durant ces 12 années, madame Peter prend soin de tous les enfants. Elle fait le ménage, la cuisine, le lavage et même le jardinage. Elle réalise elle-même l'aménagement du terrain. Elle élève des poules, des porcs, pellette la neige, fend du bois. Bref, elle s'occupe de tout à la maison et aux alentours. Monsieur Beblow, lui, exerce le métier d'opérateur et part souvent travailler à l'extérieur. Quelques années plus tard, madame Peter commence à travailler à temps partiel, gagnant 4,50 $ de l'heure.

La relation se termine et madame Peter se retrouve sur l'aide sociale. Monsieur Beblow vit sur un bateau avec ses prestations de retraite. Madame Peter fait une réclamation devant les tribunaux en alléguant que son ex-conjoint s'est enrichi à ses dépens par le travail qu'elle a effectué dans la maison et la propriété, et ce, sans aucune rémunération.

Tremblay c. Garneau, Juge Robert Dufresne, 28 mai 2007.

Aucune valeur ne peut être attribuée au soutien mutuel que se sont donné les parties.

La cause s'est rendue jusqu'à la Cour suprême, qui, en 1993, a dû décider si les services rendus par madame Peter en tant qu'épouse et belle-mère pouvaient être compensés monétairement. À cette question, la Cour a répondu par l'affirmative. En effet, les services rendus par la conjointe avaient permis au conjoint d'épargner des sommes d'argent considérables, dont il profitait. Avant de rencontrer madame Peter, monsieur Beblow engageait une femme de ménage qui lui coûtait 350 $ par mois, dépense qu'il n'avait plus après l'arrivée chez lui de madame Peter.

Évidemment, monsieur Beblow a plaidé que son ex-conjointe avait été logée et nourrie par lui durant ces années. Il a également avancé que madame Peter avait fait tout cela « par amour », ce qui ne peut pas être compensé. Mais cet argument n'a pas été suffisant face à l'iniquité qui existait entre les parties à la fin de la relation. Voici une partie du jugement de la Cour.

Toutefois, dans la société d'aujourd'hui, on ne peut raisonnablement supposer que l'amour implique nécessairement qu'une partie fera don de ses services à l'autre.

La Cour a annoncé que lorsque la relation du couple a été de longue durée, il y a une présomption que l'enrichissement de l'un donnera inévitablement lieu à l'appauvrissement de l'autre. Donc, il appartient à celui de qui on réclame l'argent de prouver que cela n'est pas le cas, et non l'inverse.

Peter c. Beblow, Juge Cory, Cour suprême du Canada,1993.

Accorder au pourvoyeur des services domestiques un redressement, sous forme d'indemnité ou d'intérêt de propriété, devrait permettre de reconnaître que la capacité d'une partie de gagner sa vie et d'acquérir des biens s'est trouvée améliorée en raison des services domestiques non rémunérés fournis par l'autre.

Madame Peter a donc obtenu compensation.

TOUS NE SONT PAS ÉGAUX...

Il faut cependant faire attention : cette demande ne doit pas viser un partage égal des biens du couple, à l'instar des gens mariés. Ce recours d'enrichissement ne doit pas servir à créer un genre de « patrimoine familial ». Voici ce que nous apprend notre Cour d'appel, sous la plume de l'Honorable Pierre Dalphond.

> *Je suis d'avis que l'objectif d'une action en enrichissement injustifié ne doit pas tendre à un rééquilibrage des actifs ou à un partage des patrimoines de chacun accumulés pendant la vie commune, mais uniquement à compenser une partie pour un apport, en biens ou en services, qui a permis à l'autre de se trouver en une position supérieure à celle qui aurait été la sienne n'eût été de la vie commune, bref de l'enrichir.*

Autrement dit, le but d'une réclamation d'enrichissement injustifié ne doit pas être de faire un partage des biens comme celui qui a lieu lors d'un divorce, mais bien d'indemniser le conjoint appauvri à la fin de la relation.

Voici un exemple. Marc a des actifs d'une valeur de 150 000 $ après 15 ans de vie commune, et Suzie a une valeur de 45 000 $. Le couple a deux enfants. La Cour présume que Suzie est plus pauvre parce que Marc s'est enrichi. C'est donc à Marc de prouver que Suzie est plus pauvre pour d'autres raisons – par exemple, une maladie l'empêche de travailler, elle est toxicomane ou l'enrichissement de Marc provient d'un héritage ou d'un gain inattendu.

Il est également possible de réclamer une compensation non seulement pour de l'argent, mais aussi pour des services domestiques rendus. Tout est alors considéré par le tribunal : le type de relation, sa durée et les contributions de chacune des parties. Si vous voulez obtenir une compensation quelconque, voici une petite liste (non exhaustive !) détaillant le genre de « preuves » que vous devez d'abord fournir à votre avocat et aussi au tribunal.

- Il faut d'abord prouver ce que vous valiez au début de la relation et ce que vous valez à la fin de cette relation, à l'aide des documents suivants :

  - évaluation des biens par des évaluateurs;
  - factures, reçus, documents notariés;
  - contrats de prêt, etc.

- Il faut prouver ce que vous avez apporté à la relation, donc la preuve de vos revenus pendant la relation :

  - déclarations de revenus pour toutes les années de la relation;

  - relevés de comptes de banque (qu'ils soient conjoints ou pas);

  - relevés de cartes de crédit;

  - preuve de toute somme reçue à titre de don, héritage, cadeau, etc. et qui a été mise à la disposition du couple.

- Il faut prouver les contributions que vous avez apportées à la famille (soin des enfants, ménage, travaux domestiques, etc.) en les décrivant en détail et en produisant des témoins pour confirmer vos dires.

Si votre ex-conjoint(e) vous poursuit pour réclamer une compensation, vous devez aussi prouver ce que vous avez apporté au couple et à la famille. Bref, vous devez constituer votre preuve avec les mêmes documents.

Évidemment, tout cela fait en sorte que les résultats et les jugements varient d'une cause à l'autre. Voici un exemple.

Francine et Jean-Pierre se rencontrent alors que Francine a 23 ans et qu'elle travaille comme serveuse. Jean-Pierre est vendeur d'automobiles et il est âgé de 30 ans.

Les parties emménagent dans un logement, dont le loyer est payé en entier par Jean-Pierre. Un an plus tard naît leur premier enfant, mais le couple se sépare. Deux ans plus tard, Jean-Pierre achète une maison et invite Francine à reprendre la vie commune avec lui. Elle accepte.

Plusieurs travaux sont effectués dans cette maison. Francine travaille maintenant à temps partiel dans un restaurant et aide à l'aménagement et aux travaux de rénovation. Elle prend soin de leur fils, de la maison et, finalement, recommence à travailler à temps plein.

L'année suivante, Jean-Pierre, qui travaille durement, achète une entreprise de location de voitures. La maison est progressivement améliorée (garage, piscine, etc.) et Francine emprunte des sommes pour payer ces travaux.

Le couple bat de l'aile et, finalement, Francine quitte à nouveau Jean-Pierre après 17 ans de vie de couple. Francine fait une réclamation devant les tribunaux, demandant 75 000 $ pour enrichissement sans cause.

 L(J) c. A(P), Juge Claude Bouchard, 21 juin 2007.

Le Tribunal est d'avis d'accorder à madame une compensation pour l'ensemble des investissements et des efforts consacrés aux besoins de la famille, qui ont permis à monsieur d'accumuler certains biens, dont la résidence familiale, et de faire progresser son entreprise en toute quiétude, bénéficiant de l'appui inconditionnel de madame.

Le premier juge lui accorde 50 000 $. La preuve démontre en effet qu'à la fin de la vie commune, Jean-Pierre avait un actif de 250 000 $, tandis que celui de Francine se chiffrait à 7 000 $. Jean-Pierre porte la cause en appel.

LE TRIBUNAL?

QUEL TRIBUNAL?

Une réclamation en enrichissement sans cause peut se faire devant l'une des trois cours:

• la Cour supérieure, lorsque la réclamation est de 70 000 $ et plus;

• la Cour du Québec, lorsque la réclamation est inférieure à 70 000 $.

• la Cour du Québec, division des Petites créances, lorsque la réclamation ne dépasse pas 7 000 $.

La Cour d'appel révise le dossier et réduit la condamnation à 25 000 $. Jean-Pierre doit donc payer cette somme à Francine pour compenser son appauvrissement. Était-ce suffisant? Si le couple avait été marié, tous les biens auraient été partagés entre les deux...

Voici un autre exemple récent.

Laura et Alain font vie commune pendant 13 ans. Deux enfants sont nés de leur union.

Au début de leur relation, le couple vit dans un immeuble dont Alain est le propriétaire. Il a aussi un chalet, un bateau catamaran, des placements et des REÉR.

Laura, quant à elle, a une voiture et des meubles. Les enfants naissent, et Alain achète une résidence où la famille emménage. Alain est directeur d'entreprise et Laura enseignante.

Le couple convient que Laura paie les dépenses courantes : l'épicerie, les vêtements pour les enfants, les frais de garderie, les médicaments, les activités des enfants, etc. Alain, lui, paie l'hypothèque, l'électricité, les équipements sportifs et les voyages de la famille.

L'entreprise d'Alain prend de l'essor et il voyage fréquemment. Durant son absence, Laura s'occupe des enfants et de la maison. Il lui arrive aussi de recevoir des clients d'Alain au chalet.

La séparation survient. Alain détient trois immeubles, un bateau, des REÉR, un chalet, des actions, etc. Laura, quant à elle, détient des REÉR de 13 000 $, son fonds de pension et une voiture évaluée à 10 000 $. Laura demande une compensation de 125 000 $.

La Cour regarde la situation globale du couple et conclut que la contribution de Laura est importante, puisqu'elle a investi presque la totalité de son salaire pour les besoins de la famille, ce qui a permis à Alain d'accumuler plusieurs biens. Mais la Cour considère aussi que Laura a bénéficié du train de vie (chalet, voyages, sports, etc.) payé par Alain. Tout cela est très difficilement quantifiable. Le tribunal fixe donc à 40 000 $ la compensation qui devra être payée à Laura par Alain.

B(M) c. L(L), Juge Pierre Dalphond, Cour d'appel,
10 juillet 2003.

Je crois qu'il serait inadmissible pour les tribunaux d'instaurer après la fin de la vie commune, soit a posteriori, à l'égard des biens accumulés pendant la vie commune, une société d'acquêts judiciaire ou un quasi-patrimoine commun par le biais d'une interprétation très libérale de notions comme l'enrichissement injustifié ou l'action pro socio.

Est-ce suffisant? Est-ce que cette somme de 40 000 $ peut compenser une personne qui a contribué pendant 13 ans de sa vie à l'entretien de sa famille? Et Alain, est-il outré d'avoir à donner 40 000 $, alors qu'il croyait avoir déjà payé pour son ex-conjointe pendant 13 ans? Chose certaine, il est fort probable que ni Alain ni Laura ne sont satisfaits de ce jugement et que les deux se croient victimes d'une injustice.

Nombreuses sont les demandes faites devant les tribunaux pour des travaux de rénovation ou de construction réalisés dans une maison. Ces causes requièrent beaucoup de préparation, car il faut prouver la valeur des travaux, le nombre d'heures travaillées, le coût des matériaux et la motivation de la contribution. Monsieur décide de rénover le sous-sol et fait venir son frère et son père pour l'aider? Il s'agit peut-être d'un geste qui n'a pas à être compensé. Monsieur a payé les matériaux mais madame a pris soin des enfants? Même si les matériaux ont augmenté la valeur de la maison, il n'y a pas toujours lieu de demander une compensation.

Nadine emménage chez Luc avec ses deux enfants. Le couple décide d'aménager le sous-sol pour les adolescents et Nadine paye les rénovations, qui totalisent une somme de 7 000 $. Puis, 28 mois plus tard, le couple se sépare avec fracas et Nadine quitte la résidence de Luc. Elle le poursuit pour la somme de 7 000 $. La Cour refuse sa demande, car Luc payait tous les frais de la maison sans aucune contribution de Nadine.

Soumettre un différend de cette envergure à un tiers qui ne nous connaît pas constitue certainement un risque. Vous demandez à un inconnu de vous écouter, de vous comprendre et de trancher un litige qui appartient, somme toute, au couple. Cette personne, soit le juge, doit en plus appliquer **la loi** et non décider en fonction de ce qui lui semble juste ou non. Certaines circonstances dans la vie sont foncièrement injustes – mais la solution juste tellement recherchée ne se trouve pas toujours au tribunal ni entre les mains d'un avocat.

À cela s'ajoute le fait que les procédures sont coûteuses, longues, stressantes et qu'il n'y a absolument aucune garantie quant au résultat. Ce n'est pas parce qu'on se rend au palais de justice qu'on y trouve la Justice avec un grand J! Le système judiciaire est composé d'êtres humains – il est donc loin d'être infaillible.

Il ne faut pas oublier que ces procédures ont également un coût émotif énorme. Il s'agit d'un litige entre des gens qui, dans le passé, s'aimaient, vivaient ensemble et partageaient des buts communs. Les voici maintenant l'un en face de l'autre, lançant des accusations et des reproches. L'impact de telles procédures sur les enfants du couple et sur l'entourage ne doit pas être sous-estimé.

ET LE TEMPS PASSE...

Combien de temps est alloué pour faire une demande ?

La demande doit être faite dans un délai de trois ans à compter de la cessation de la vie commune. Mais le moment exact de la rupture n'est pas toujours clair. Certains couples se laissent, reprennent et se laissent encore une fois. Il est donc important d'agir rapidement afin de conserver le droit à ce recours.

LA VIE PRIVÉE SUR LA PLACE PUBLIQUE

On oublie souvent que dans le cas d'un procès pour réclamation financière entre conjoints de fait, la publication des noms des parties est tout à fait permise, alors que ce n'est pas le cas pour les gens mariés ou pour les causes impliquant des enfants. Voici ce que le *Code de procédure civile* prévoit dans la section des procédures en matière familiale.

⚖️ **Art. 815.4**

Aucune information permettant d'identifier une partie à une instance ou un enfant dont l'intérêt est en jeu dans une instance ne peut être publiée et diffusée, à moins que le tribunal ou la loi ne l'autorise ou que cette publication et cette diffusion ne soient nécessaires pour permettre l'application d'une loi ou d'un règlement.

Donc, non seulement vos noms seront dévoilés, mais les jugements seront publiés sur le site Web du gouvernement (www.jugements.qc.ca) et votre histoire (y compris les détails de vos finances) sera dévoilée à tous les intéressés. Une simple recherche par nom de famille est suffisante pour vous retrouver !

Encore une fois, le contrat de vie commune s'impose comme le moyen idéal d'éviter de se retrouver en bien mauvaise position. Si l'on compare le coût d'un procès – de 10 000 $ à 30 000 $, voire plus, selon la nature de la réclamation – au coût d'un contrat de vie commune – entre 300 $ et 1 000 $ –, la question ne se pose plus...

Chapitre 10

Votre tranquillité d'esprit grâce au contrat de vie commune

La question se pose donc : quelle est la meilleure façon de vivre en couple ? Se marier ou cohabiter en union libre ? Nous l'avons vu, dans le cas du mariage, la structure du contrat qui lie les conjoints est prévue par la loi, qui prévoit aussi une structure en cas de rupture : le divorce.

Du côté des conjoints de fait, rien n'est prévu dans la loi, ni pour encadrer le début de la relation, ni pour structurer la rupture. Seul un contrat de vie commune est apte à vous protéger.

Le mot « contrat », avouons-le, n'est pas très séduisant. Ce n'est pas un mot doux qu'on murmure à l'oreille d'un amoureux ! Il est lié aux notions d'obligation ou même de commerce, que l'on n'aime pas associer à une relation amoureuse.

C'EST QUOI, UN CONTRAT?

Un contrat est une entente qui doit comprendre les quatre éléments suivants:

- la capacité de contracter;
- le consentement;
- un objet;
- une cause licite.

Chose certaine, lorsqu'on est amoureux et heureux, la rupture est loin de notre esprit. On ne veut même pas y penser. Lorsqu'on apprend qu'un proche ou un ami a mis fin à sa relation, on a tendance à se dire: «*Nous, on ne se laissera jamais!*» Discuter d'une rupture éventuelle est le dernier souhait d'un couple uni.

Même la Cour d'appel a fait ce constat.

> *Les personnes qui s'engagent dans une union de fait comme dans le mariage envisagent normalement qu'elle durera toute leur vie. Même si elles peuvent être conscientes qu'en réalité, ce souhait ne se réalise pas toujours, chaque partenaire s'engage avec l'attente légitime qu'elle durera jusqu'à sa mort. C'est d'ailleurs la justification de la contribution de chacun à l'amélioration de la situation économique commune même si, juridiquement, les biens s'accumulent davantage dans un patrimoine que l'autre.*
> *Lussier c. Pigeon (2002) R.J.Q. 369.*

Les chiffres parlent d'eux-mêmes et les statistiques montrent qu'aujourd'hui, vivre en couple ne signifie plus rester ensemble pour toute la vie. Une seule personne pourra-t-elle combler **tous** nos besoins pendant toute notre vie?

Notre espérance de vie a battu tous les records observés dans l'histoire de l'humanité. Nous vivons longtemps. Très longtemps. Il est maintenant très réaliste de penser vivre jusqu'à 80 ans. Dès lors, à 60 ans, avons-nous le goût d'endurer pour 20 autres années celui qui nous rend désormais malheureux ou avec qui nous n'avons plus d'atomes crochus? La vie nous change. À 50 ans, nos besoins, notre philosophie de vie, nos priorités ne sont plus les mêmes qu'à 30 ans. Il se peut donc que ce partenaire si parfait à 30 ans ne le soit plus 15 ou 20 ans plus tard. Il est peut-être temps d'accepter que nous ferons un bout de chemin avec une personne, pour ensuite poursuivre avec une autre.

Malgré cela, nous démarrons tous une relation de couple avec le désir que ce soit pour toujours – la relation amoureuse n'a pas de date d'expiration! Néanmoins, la vie étant un chemin qui contient des courbes, des détours inattendus et des fourches inévitables, il est devenu naïf de croire que cette relation entamée à 25 ou 30 ans sera la seule et unique de toute notre longue vie... Cessons donc de voir la fin d'une relation comme un échec épouvantable auquel on ne veut même pas songer, mais considérons-la plutôt comme un jalon de la vie auquel il faut s'attendre.

La rupture, sans être planifiée, doit être envisagée. Nous, Occidentaux, sommes très prévoyants. Nous prévoyons la maladie (assurances de toutes sortes), la perte d'emploi (assurance chômage), un accident de voiture (assurance automobile), les impôts à payer (déductions à la source), notre retraite (contribution à un fonds de pension et Régie des rentes), l'arrivée des enfants (congé parental), les études postsecondaires (REÉÉ) et, surtout, notre décès (assurance vie, testament, assurance vie hypothécaire, etc.). Mais prévoyons-nous la fin de la vie commune ?

Si l'on est marié, aucun besoin de s'en soucier, car le *Code civil* et la *Loi sur le divorce* prévoient pour nous les modalités de divorce. Mais il faut rappeler que ce n'est pas le cas pour les conjoints de fait.

De la même façon qu'on cherche une tranquillité d'esprit en payant toute sorte d'assurances qu'on espère ne jamais utiliser, on doit également, en tant que couple, chercher à concrétiser notre entente financière. Car c'est lorsque cette fin de vie commune n'a pas été planifiée que les couples se retrouvent devant les tribunaux. Lorsque l'entente est claire et que le couple accepte les termes de cette relation cristallisés dans un contrat, chacun peut dormir en paix : s'il y a une nouvelle vie après la vie de couple, elle ne sera pas entachée par une pénible période de stress impliquant juge, procès et avocats.

Les mots s'envolent, les écrits restent. Certes. Mais pour paraphraser le professeur français Philippe Delmas Saint Hilaire, ce n'est pas parce qu'on fait un testament qu'on meurt. Et ce n'est pas parce qu'on a un contrat de mariage qu'on divorce forcément. En toute logique, ce n'est donc pas parce qu'on se donne un contrat de vie commune qu'on se laissera !

Gagnon c. Routhier, Juge Michèle Monast, 25 octobre 2000.

Les conjoints de fait peuvent cependant s'avantager mutuellement par une convention. Une telle convention n'est pas contraire à l'ordre public ou à la loi et ses conditions de validité sont les mêmes que celles prévalant à l'égard de tout autre contrat.

UNE ENTENTE ÉCRITE POUR CONFIRMER LA BONNE ENTENTE

Il est aussi peut-être temps de voir les choses sous un autre angle et cesser de voir le contrat de vie commune comme une ressource utile seulement en cas de rupture. Considérons-le plutôt comme une protection pour les deux partenaires. Alain Roy, professeur en droit à l'Université de Montréal, appelle ce contrat une *charte de vie commune*, c'est-à-dire une confirmation écrite des ententes prises par le couple. Cette charte, ou ce contrat, peut être modifiée ou révisée au cours des années et selon les priorités des conjoints. Tout couple, qu'il soit marié ou pas, doit, à un moment ou à un autre, discuter de ses ententes financières et de ses priorités. Cette entente peut facilement être couchée sur papier.

Ce contrat écrit pourra aussi vous protéger tous les deux en cas de décès. Il va sans dire qu'un testament est l'instrument idéal pour prévoir la façon de disposer de nos biens, surtout pour des donations. Mais le testament est l'expression de la volonté d'une seule personne et peut être modifié en tout temps, tandis que le contrat de vie commune est une entente signée entre deux personnes. Pour le modifier, les deux signataires doivent donner leur aval.

Lorsqu'il n'y pas de testament, un contrat de vie commune protège le conjoint survivant, car l'intention des parties y est clairement stipulée et la propriété des biens y est définie.

Voici la vraie histoire très triste d'une femme dont le conjoint est décédé sans testament.

Stella et Claude font vie commune. Ils achètent une résidence ensemble, en copropriété. Claude décède subitement, sans testament. Les trois enfants adultes de Claude sont donc ses héritiers.

Claude décède le 10 mars 1996. Ses enfants entreprennent des procédures le 21 juin suivant, soit quelques mois après le *décès de leur père, et réclament tous les meubles de la maison. Plus tard, ils amendent leurs procédures et réclament de Stella une indemnité de 315 $ par mois, car elle habite cette résidence exclusivement depuis le décès de leur père. En plus, ils lui demandent de payer la totalité des taxes municipales et scolaires, de même que les assurances. Stella n'a pas les moyens d'acheter la part de son défunt conjoint qui revient aux enfants. Finalement, les enfants et Stella conviennent de vendre la résidence et la Cour ne condamne pas Stella à payer l'indemnité demandée.*

Non seulement Stella a dû faire le deuil de son conjoint, mais en plus, à peine quelques mois après son décès, elle a dû engager les services d'une avocate et faire face aux procédures judiciaires, avec tout que cela implique (frais, dépenses, angoisse, stress, etc.), y compris la perspective de devoir payer une indemnité ! Heureusement, la juge a cru Stella au sujet des meubles, même s'il n'y avait pas de contrat signé, sinon elle risquait de devoir remettre tous ses meubles aux enfants de son conjoint décédé !

Stella s'est toutefois vue obligée de vendre la résidence et de quitter son foyer.

Si Claude et elle avaient rédigé un contrat de vie commune, ce document aurait pu établir les ententes concernant les meubles, une clause prévoyant la possibilité pour Stella d'acheter la maison – ou au moins d'y résider pendant un certain temps après le décès de son conjoint, ne serait-ce que pour lui donner le temps de vivre son deuil. Même si Claude n'avait pas de testament, ce contrat aurait protégé Stella en l'aidant à prouver les intentions de Claude.

Comme nous l'avons vu au cours des précédents chapitres, il est possible de prévoir énormément de choses dans un contrat de vie commune. Toutes les ententes sont possibles : partage des dépenses, compte conjoint ou non, partage des dettes, achat de biens, contributions autres que financières (par les tâches ménagères, par exemple), etc.

Il est même possible de convenir que les règles du patrimoine familial, qui sont faites pour les gens mariés, seront appliquées en cas de rupture. En d'autres mots, même si la loi ne le prévoit pas pour les conjoints de fait, vous aurez votre propre patrimoine familial, établi par contrat. Eh oui, un contrat de vie commune peut prévoir de telles clauses, qui sont tout à fait légitimes.

PRÉVOIR ET PRÉVENIR...

Outre les exemples donnés à la fin de chaque chapitre, voici d'autres éléments qu'il est possible d'inscrire dans un contrat de vie commune.

- Un inventaire de tous les biens que chaque conjoint possède au début de la vie commune.

- Le paiement d'une compensation si un des conjoints travaille pour l'entreprise de l'autre.
- La reconnaissance qu'une somme d'argent (épargne, héritage, etc.) a servi à une rénovation ou à l'achat d'un bien qui prend de la valeur ainsi qu'une modalité de remboursement de cette somme et de la plus-value.
- Le partage des gains : par exemple, convenir de déposer les salaires dans un seul compte conjoint et de partager ce compte en parts égales ou à un autre pourcentage.
- La désignation de l'autre comme bénéficiaire irrévocable de l'assurance vie.

Le contrat doit être le reflet des priorités du couple, et sa rédaction est un très bon exercice pour les nouveaux conjoints. Cette charte de vie commune vous aidera à beaucoup mieux gérer vos priorités en tant que couple et en tant que famille, et protégera toutes les parties impliquées. Si vous êtes incapables de vous entendre lorsque vous filez le parfait amour, comment pensez-vous être capables de le faire en cas de rupture ?

Que vous soyez une mère qui se sacrifiera pendant des années pour sa famille ou un homme d'affaires qui désire investir sans crainte, vous avez un intérêt certain à clarifier votre entente. Que vous soyez un couple gai désirant adopter un enfant ou un couple de retraités voulant laisser un héritage, un contrat de vie commune protégera votre couple et vos enfants. Que vous trouviez l'amour à 20, 30 ou 60 ans ne change en rien les conséquences juridiques de la vie à deux et une entente écrite vous permettra de vous concentrer sur tous vos projets, en conformité avec vos priorités et votre philosophie de vie, sans crainte et sans inquiétude.

Vous voulez en discuter avec votre douce moitié mais ne savez pas trop comment aborder le sujet? Vous craignez que votre partenaire interprète cela comme un préavis de rupture? Votre conjoint ne veut pas en parler?

Si votre douce moitié ne veut pas parler de la rédaction d'une entente, il serait opportun de chercher les causes de son hésitation. Souvent, si quelqu'un dit: «*Nous, on n'a pas besoin de signer une entente, car on ne se laissera jamais*», cela signifie plutôt: «*Je ne veux pas en parler, car je ne veux pas envisager la possibilité de la fin de notre vie de couple*». Il s'agit, dans le fond, du même sentiment qui émerge lorsque vient le temps de parler d'un testament: personne ne veut envisager sa propre mort («*si je n'en parle pas, cela ne m'arrivera pas*»).

Néanmoins, nous savons tous qu'il est important de prévoir l'imprévisible, et même l'inévitable. Habituellement, une fois qu'on a compris la raison de notre réticence, la discussion devient plus facile. En réalité, cette discussion au sujet d'une convention de vie commune peut ressembler en tout point à une discussion concernant les questions financières de votre couple. Vous avez certainement, à un moment donné, discuté de la gestion de vos finances (qui paye quoi et comment), et vous êtes arrivés à une entente. Si vous avez des ententes verbales, la signature d'une entente n'est qu'un pas de plus pour les officialiser et les rendre réelles pour vous deux.

— *Mon amour, je sais que tu veux un autre enfant, et moi aussi, mais j'aimerais bien qu'on discute de la manière dont nous allons en partager les responsabilités et les conséquences.*

— *Tu parles de ta perte d'ancienneté si tu restes à la maison?*

— *Oui, entre autres, et aussi de l'argent de mon héritage que j'ai mis sur la maison. Et je veux savoir si nous allons envoyer les enfants à l'école privée.*

— *Mais nous avons une entente – c'est certain que tu auras l'argent de ton héritage si nous nous séparons, et évidemment, si tu restes à la maison avec les enfants, je ne m'attends pas à ce que tu contribues aux frais de la maison pendant ce temps-là. Nous en avons déjà discuté.*

— *Oui, mais j'aimerais que nous mettions nos ententes par écrit, vu que nous ne sommes pas mariés.*

— *Ça ne change rien, nous vivons ensemble depuis cinq ans, nous sommes considérés comme mariés!*

— *Pas du tout. Aucune loi ne protège les conjoints de fait comme nous.*

— *Tu t'es renseignée? As-tu l'intention de me quitter?* (rires nerveux)

— *Non, absolument pas. Mais je me sentirais mieux si je savais que nous sommes tous les deux protégés, et que les enfants le seront aussi.*

— *Tu doutes de ma parole?*

— *Mais non, pas du tout. Aujourd'hui, je n'ai aucun doute sur tes intentions. Mais si un jour tu ne veux plus de moi, je ne suis pas certaine que tu te sentiras de la même façon. Peut-être alors tes priorités ne seront pas les mêmes qu'aujourd'hui. Et cela s'applique à moi aussi.*

— *Tu crois que je n'assumerai pas mes responsabilités en tant que père?*

— *Pas du tout. Mais je veux être sans crainte pour l'avenir et savoir que nos sacrifices d'aujourd'hui ne seront pas en vains, ni pour toi, ni pour moi. Moi, je perds de l'ancienneté en restant à la maison. Toi, tu perds du capital en payant seul une maison dont je suis copropriétaire. Tu ne penses pas qu'il serait sage de mettre tout cela par écrit pour avoir une entente claire?*

— *Je comprends. Tes arguments sont valables.*

— *Je ne veux surtout pas qu'on finisse devant les tribunaux comme les Tremblay. Ils ont dépensé une fortune en avocats au lieu d'investir cet argent pour leurs enfants.*

— *En effet, la saga des Tremblay a été horrible. As-tu pris des renseignements sur le contrat de vie commune?*

— *J'ai la référence d'un bon site Web...*

LA RÉDACTION DU CONTRAT DE VIE COMMUNE

À quel moment devrait survenir la signature du contrat de vie commune? Il peut être signé à tout moment pendant la vie de couple. De préférence, cette entente devrait être signée avant de faire l'achat d'un bien de valeur importante (telle une résidence) ou avant d'investir dans un projet commun, comme une entreprise ou... un enfant! Le contrat peut être modifié n'importe quand, et ce, selon les besoins de votre couple.

Comment rédiger un contrat de vie commune? Il est possible de trouver des modèles types dans Internet. Il s'agit alors de remplir les espaces laissés vides. Toutefois, ces modèles ne tiennent pas compte de votre situation particulière et vous les remplirez sans aucune connaissance juridique.

Un notaire peut rédiger votre contrat. Mais, sans vouloir prêcher pour la paroisse des avocats, il est certain, selon mon opinion très personnelle, que la personne la plus qualifiée pour le faire est un professionnel qui a vu **de près** les dégâts causés par les ruptures de plusieurs couples. La personne qui peut le mieux vous guider pour éviter des litiges éventuels c'est justement... un expert en litiges! Un avocat ou une avocate spécialisée en droit de la famille est parfaitement qualifié pour rédiger un contrat de vie commune en s'assurant que votre contrat reflète vos besoins. Cet investissement qui repose sur votre bonne entente vous permettra, en cas de rupture, d'éviter d'enrichir les avocats et de vivre le stress de soumettre votre cause à un tiers qui ne vous connaît pas (c'est-à-dire le juge). Il est véritablement réconfortant de savoir que nos ententes sont écrites, claires et connues des deux partenaires.

Chapitre 11

Le mot de la fin

L'époque où l'on traitait les enfants nés hors mariage d'illégitimes et où les filles enceintes couraient à l'autel pour se marier avant que leur grossesse ne soit apparente est révolue. Notre société a évolué à une vitesse fulgurante. La famille québécoise ne correspond plus à un modèle uniforme et typique. Mais cela ne signifie pas pour autant que la *place* de la famille dans notre société est moins importante. Ce n'est plus la forme de la famille qui compte, mais plutôt l'esprit de famille.

Connaître vos droits et vos obligations en tant que couple et en tant que famille vous permet de mieux gérer vos priorités, de leur accorder leur juste valeur et d'établir des balises solides pour protéger les êtres qui vous sont chers. L'important, c'est de donner à vos valeurs une structure juridique – vous serez ainsi libres de tout souci et vos énergies pourront être investies ailleurs.

Les gens me consultent souvent pour obtenir un résultat qui leur semble juste – pour protéger leurs droits, pour récupérer ce qui a été perdu, pour ne pas perdre davantage. Souvent, une fois la poussière retombée, il est possible de parvenir à une solution négociée, à un compromis, à un résultat acceptable pour les deux conjoints. Contrairement à ce que laisse croire notre image ternie, nous, les avocats qui œuvrons dans le domaine du droit de la famille, sommes très conscients que notre rôle n'est pas d'agrandir le fossé déjà existant entre les deux ex-conjoints, mais plutôt de les aider à trouver un terrain d'entente, et ce, dans le meilleur intérêt de la famille.

En tant qu'avocate, je n'oublie jamais qu'une fois mon dossier fermé, la famille, quelle que soit sa forme, continuera d'exister. Ce couple, ces anciens amoureux, auront à se revoir à l'école, à la remise des diplômes, sur le terrain de soccer, aux Fêtes, aux baptêmes de leurs petits-enfants....

N'oubliez donc pas que même si votre vie de couple a pris fin, votre vie de famille ne se terminera jamais. Il peut être sage d'investir dans une entente qui vous empêchera de vous retrouver « en famille » dans les corridors du palais de justice...

Voici un dernier cas...

André est avocat. Il est divorcé et a deux enfants. À l'âge de 50 ans, il rencontre Béatrice. Elle est comptable agréée, célibataire, sans enfants, mais elle a trois neveux qu'elle adore. Rapidement, les deux s'aperçoivent qu'ils sont très amoureux et décident de faire vie commune. André désire protéger ses avoirs pour ses enfants, et Béatrice est fière de son indépendance et veut laisser un héritage à ses neveux. Le couple habite chez André et profite du chalet qui appartient à Béatrice. Ils aiment le bon vin, les sorties entre amis, la gastronomie et les voyages. Béatrice et André se rendent compte que leurs finances sont de plus en plus liées. Un soir, ils décident de s'asseoir pour discuter de leurs priorités, de leurs désirs, de ce qui est important pour chacun d'eux. Ils dressent une liste et prennent des décisions concernant le partage des dépenses, le partage des biens en cas de rupture ou de décès. Finalement, ils décident de signer un contrat de vie commune (afin de clarifier leurs ententes), de faire un testament (pour protéger à la fois les enfants et le couple)... et surtout de continuer à profiter de leur vie de couple, heureux, sans soucis...

www.conjointsdefait.com